活出人生
最好的可能

毕啸南　著

中国画报出版社 · 北京

图书在版编目（CIP）数据

活出人生最好的可能 / 毕啸南著. -- 北京 ：中国画报出版社，2018.1
ISBN 978-7-5146-1582-1

Ⅰ. ①活… Ⅱ. ①毕… Ⅲ. ①名人—访问记—中国—现代 Ⅳ. ①K820.7

中国版本图书馆CIP数据核字(2018)第017397号

活出人生最好的可能
毕啸南 著

出 版 人：于九涛
责任编辑：魏姗姗
责任印制：焦 洋

出版发行：中国画报出版社
地 址：中国北京市海淀区车公庄西路33号 邮编：100048
发 行 部：010-68469781 010-68414683（传真）
总编室兼传真：010-88417359 版权部：010-88417359

开 本：32开（710mm×1000mm）
印 张：9.25
字 数：176千字
版 次：2018年3月第1版 2018年5月第2次印刷
印 刷：三河市华润印刷有限公司
书 号：ISBN 978-7-5146-1582-1
定 价：39.80元

自序

我一直在思考，我该如何过好这一生？

2017 年 9 月 19 日，我在网上收到一封信。

写信的是一位在上海工作的山东女孩。几个月前，她的母亲检查出了癌症晚期。在家陪护了几个月之后，公司来电催促她返回工作岗位。父母劝她先回上海，为此说了许多宽慰的话。买好了回沪的机票，这位姑娘在去往机场的出租车上查询癌症治疗信息的时候，无意中点开了韩小红《向死而生》的视频。

她说："像是绞肉机一般，想哭，却没有力气，浑身战栗……"

连机票都没退，她大哭着让司机掉头往医院赶。可怜天下父母心，她妈妈那晚要做手术，为了不让女儿工作分心，才哄骗她回上海。手术没能挡住死亡，母亲最终还是离开了她。

她对我说，谢谢这个节目，让她陪伴母亲走完了人生的最后一段路。

这样的信，这样的故事，在《女性领袖人物》系列专访播出期间和之后的时间里，每隔几天就会出现。隔着屏幕，我们的节目和千万人的心交融在一起，发出触碰心灵的共鸣，拧成一股踏实、干净、充沛的力量，在我的心中沉淀出一种可以听见雪花落地的宁静。

以上这些，决定了这本书的诞生。

读高中的那几年，是我人生中最糟糕、最灰暗的时光。在一个下午，姐姐带我去看医生。我现在早已忘记医生具体说了什么，大概是说我有轻度抑郁的倾向，但我还清晰地记得走出医院的大门时，天空是一眼望不到边际的阴暗，我张大嘴巴努力呼吸，似乎不用力，就会被心头的重量压到窒息。

导致我抑郁的原因是什么呢？其实我自己也一直没弄明白。说起来可笑，高中 3 年，我一度想不明白“自己为什么要活着”这个虚无却又根本的问题。当时钻了牛角尖，难以自拔。

我是山东威海人。山东的学生，想必大多都用过一种 A4 纸 4 倍大小的稿纸用来复习或演算。我曾经在课堂上，无数次密密麻麻地写满了这样一张张稿纸。写什么呢？“人为什么要活着？”

面对这个自己出给自己的题目，我写了许多答案，想到一个，被自己否定一个，然后再想下一个，再否定……反反复复，分析、推倒、难过、纠结、抓狂。

这样的我，害苦了高中老师和同学。每次上课前，他们都要关心地问我一句：“怎么样？今天可以好好上课吗？”

后来怎么就好了呢？什么时候找到答案了呢？

我出生在一个非常普通的小镇家庭。尽管家境一般，甚至一度可以称得上是物质贫乏，但父母依然竭尽全力把最好的东西都留给了我，无论是精神上的关爱，还是物质上的用度。尤其是在精神教养和人格培养上，父母可谓花尽了心血。我的姥爷是本地有名的乡贤，从小我便跟着他读《大学》《中庸》《孟子》《道德经》，以及《红楼梦》这样的经典书籍。我身上的宽容通达，应该要感谢姥爷的言传身教。而军旅出身的爷爷从小就会给我讲那些家国故事，他有着令人动容的赤子之心和报国情怀，临终前依然念念不忘海峡两岸的统一，这些言传身教决定了我基本的价值观。所以我一直称我们家是精神贵族，正是源于父母受益于我的爷爷、姥爷，而我又受益于父母，很典型的家教门风的文化代际传承。我写这一段，是想说我的父母为了我真的付出了所有，给予了我无限的精神财富，我一直深爱他们，如同他们深爱我一样。

我上高二那年，爷爷去世了。那天晚上，因为爷爷的离去，我又开始了对“生死”的无谓的纠结。我歇斯底里地冲着母亲发泄，然后看见一直坚强乐观的母亲，突然就瘫坐在地上号啕大哭起来。

那一刹那，我完全震惊了，我被母亲这一哭彻底哭醒了！我从来没见过她这个样子，尽管我一直知道她生命里曾经有过的各种遗憾、创伤，以及对我的种种期许。我忽然明白她顺着眼泪倾泻出的令人心酸而又无奈的人生况味，而我竟在那个时刻成为压垮她身躯的最后一根稻草。

从此我找到了人生中第一份不被推翻的意义，那就是为了爸妈和那些爱我的人，我必须好好生活。当然，只有这个为他人而活的理由还不够，尽管念了大学之后“海阔凭鱼跃，天高任鸟飞”的环境让我无限的精力一下子释放开来，对理想的追求让我体味到自由，但当初内心深处的那份疑惑依然迟迟未能找到答案。我还需要寻找到其他的支撑来告诉我，什么才是好的生活？怎样才能拥有好的生活？

所以，在将近三十而立之际，我做了一档节目——《女性领袖人物》，为了向我的母亲致敬，同时也是为了寻找我要的答案。

从严格意义上来讲，《女性领袖人物》是第一档由我同时担任总策划、制片人及主持人的节目。特意选择女性，是因为她们不仅仅锻造自己的生命，更创造生命。相对男性来说，她们站在生命微妙的分界线上，应该可以看到更多。

第一季的12期节目，我选择了中国当下社会各领域的标杆性女性人物，以“思想价值”“人性力量”和“公共意义”为核心切入点，期望能呈现出真诚、不浮躁的时代声音与社会记忆。这期间，我逐一邀请了资中筠、樊锦诗、董明珠、韩红、刘嘉玲、杜鹃、万方、方方、倪萍、颜内燕、徐新、刘红、钱易、张越、亚妮、林青霞、许鞍华、苏芒、韩小红、徐静蕾、张欣、王秋杨、吴小莉等众位前辈和好友，有的因各种原因暂时遗憾错过，有的在节目中对我掏心掏肺，在这里再次表示深深的感谢。

4个月的节目录制过程非常辛苦，我每天几乎只能睡上四五个小时，创意、策划、嘉宾邀请、录制、平台、广告……说出来大家可能难以相信，全程仅靠我和编导张姣两个人支撑下来，嘉宾一位一位地邀请，寻找拍摄、剪辑和制作团队，一期一期地通宵磨合——这里我要特别感谢所有帮助过我的朋友，尤其是制作团队的伙伴们。

接触电视节目12年，我深知理论与创作之间有一道鸿沟，况且这档节目在动辄投资过亿的综艺时代里，连小成本都算不上，回头看确实留下了许多遗憾。因此，看到节目上线当天便登上了腾讯综艺的首页，我心中非常感慨。之后这档节目陆续受到《人民日报》、《中国日报》、卡塔尔半岛电视台、马来西亚《星岛日报》等近百家国内外媒体的关注，被誉为近年来“最具生命觉醒意识”的访谈节目，坦率地说，我很骄傲。

在节目的准备和录制过程中我越来越发现，真正符合我心中标准的嘉宾其实并不多。在今天这个时代，该怎么定义成功呢？根据名利，地位，还是财富？我去谈合作的时候，某位平台老总曾当面对我说：“你这种老土节目，没有噱头，也就韩红的大众知名度还凑合。”对此我只能赞同，如果为了走流量，我可能确实应该换一批更具市场号召力的嘉宾。然而这不是我的初衷，哪怕找到韩红，我也是想让她谈谈生活中的真问题，谈谈如何面对人生的残缺，谈谈与生命和解的方式。

自从读研究生后，我就开始接触人物专访，深感无论是普通百姓，还是名流显贵，大多数人的内心深处都藏着人生的苦，因此“勇敢直刺”于我变得越来越难。我也在思考善良与软弱、同情与批判之间的关系，希望在我所坚持的善良中找到坚硬牢固、充满人生力量的因素。微茫宇宙，尘埃星球，我希望它也具有穿越时光的意义。

工作越深入，我对这档节目的理解和感情越深厚，也就越能体会它的价值。与其说我做了 12 期专访，不如说我请来了 12 位导师，免费上了 12 堂人生课。她们用自己的经历展示了在有限并且受到约束的生命里进行创造的可能性，以及人的生命在极大地展开后可能具有的深度与广度。

当困难越来越少的时候，惊喜与幸运就会随之而来。比如我们的联合出品方兰玉文化，提供了很多费用和其他方面的支持；比如杨锦麟老师替我请来被尊为“世界佛教领袖”的养立法师为节目题字；再比如节目推广过程中，旅游卫视、中国教育电视台、山西卫视、腾讯视频、优酷等各平台的台长、领导和同人们，都给予了大量无私的支持和帮助。

此外，还要感谢我的编辑，财新文化的徐晓老师和张缘兄，他们都是我十分敬重的人，正是因为有了他们的把关和完善，这本书才能以令我感到惊喜的样子呈现给广大读者。一直以来，我用“中国改革派的思想大本营”和“勇者无畏”这两个词来形容财新传媒。上至总编辑胡舒立，下至刚出校门的实习生，财新传媒的诸位同事大都是新闻专业主义的坚定信仰者与实践者，做出了很多成绩，同样也得罪过不少人、惹过不少事。在这里，我也向他们致敬。

这本书究竟是写给什么人看的呢?

我想，首先是普通人、普通女性，比如我的母亲，一位踏实、本分，甚至总是在生活中委屈自己、成就别人的女性。

其次是我身边的朋友和更多的年轻人，那些积极面对生活，即使遭遇挫折与困境，也不想轻言放弃的人。

这本书希望为读者描绘什么样的人生呢?

我想，是努力生活的人生，是用极大的付出获得相对的自由。

是诚实生活的人生，坦诚地面对自我，热爱天赋，接受残缺，知道我是谁，从哪里来，往哪里去。

是独立生活的人生，孤独是生命的真相，不回避、不退缩，迸发出独一无二的光亮。

是积极生活的人生，人性复杂，现实残酷，还依然保持着远大的理想和纯粹的自我，至少可以活得不那么庸俗。

是自由生活的人生，越过高山，主宰自己，获得自由。

最后，虽然此书是向我的母亲致敬，但也要说一句：我也深爱我的父亲。

毕啸南

2017 年 10 月 16 日

目 录

— Contents

颜丙燕：演戏给谁看

演 给 观 众 看 之 前 要 演 给 自 己， 面 对 自 己 的 内 心

她被誉为“中国演技最好的女演员”，一年内斩获 8 个影后的桂冠。她又是最不合时宜的演员，从来不接拍商业广告，也从没同时跨演过两部戏。

颜丙燕，北京人，是孔子四大弟子之一颜回的后人。1972 年出生于一个工人家庭，跟随爷爷奶奶在山东老家长大，11 岁考入北京歌舞团，成为职业舞者。1994 年进入影视行业，作为新人，她有着令人羡慕不已的高起点。《甘十九妹》《红十字方队》……两年间，颜丙燕全部出演女一号。她的表演才华得到业内外的一致赞誉，演艺事业风生水起。

而就在此时，颜丙燕的母亲被查出身患绝症，随后8年中，从24岁到32岁，颜丙燕几乎放弃了表演舞台，错过了女演员走红的黄金年龄，多数时间陪伴在病床前，直至母亲离世。

颜丙燕复出后的第一部电影是《爱情的牙齿》。虽然远离银幕8年，但她的演技再一次惊艳了所有人，并因此摘得了金鸡奖影后的桂冠。有评论说，颜丙燕几场戏的表演甚至可以被写进表演系的教科书里。随后她出演的电影《万箭穿心》，更是拿下了当年各大电影节的8个影后。

然而，颜丙燕又一次停下了脚步。因为没有遇到好剧本，2016年她推掉了所有的通告，整整停工一年。颜丙燕说："我宁可观众暂时忘了我，也不愿意他们看到一部烂片的时候想起我。"

面对亲人，理解是唯一的出路

毕啸南：你母亲去世前的七八年时间里，你基本一直在病床边陪伴，这对你来说应该是一件没有太多遗憾的事。但为什么在你后来的表述中，似乎始终觉得那是一个巨大的遗憾？

颜丙燕：我觉得这个遗憾就是亲人的离开。所以我一直都跟我身边的人说，尤其是那些和长辈关系不是特别好的朋友说，趁着老人还在，趁着还来得及，趁着有机会可以做出改变，要珍惜这段时间。他们是给了你生命的人，你要尝试着多去了解他们的生活，多去了解他们的经历，多去了解他们的心声，多去了解他们的性格，可能就会理解他们所有的一切，包括你之前看不惯的东西。我跟我妈其实就是这样的一个过程。

我妈手术前一天晚上，我爸给我打了一个电话，说，丫头，你睡了吗？我说还没。他说，爸爸决定还是要跟你说一声。我说，怎么了？其实医生之前跟我谈过，说病人这个手术有可能支撑不下来。我爸说，当天医生又找他谈了一次，他心里扛不住了，想要跟我商量。我当时说，爸，没事儿。我说，你别听他们的，我演过医生，我知道医生一般说什么事情都会很夸张，因为他是有责任的。但你别听他的，一切都没问题。我说你赶紧睡觉，我明天一早就过去了。我爸说好，你也早点儿睡。当晚我定了闹钟，很正常地就睡了。

第二天闹钟一响，一大早就得去医院，我瞬间就想起我爸昨天说的关于今天手术的话，然后就突然意识到，万一手术要是不行的话，这个人（我妈）就走了。那一刻我的感觉是——不行，这个人（我妈）我还不了解，我还不知道她是怎么回事，我对她一无所知。

毕啸南：到那一刻，你对你妈妈依然一无所知？

颜丙燕：一无所知，我一直很回避她，即便在她刚生病的时候，我还是回避的状态。那一瞬间突然就觉得，她今天如果真的走了的话，这事儿不太对，不行，不可以。然后我突然间就开始哭。你知道吗？我都没下床，坐在床上就开始哭，可能哭了有10分钟左右。突然想，不行！赶紧刷牙、洗脸，就往医院跑，然后就看着我妈被推进手术室。那个时候我看着她，觉得有很多话想说。当时我想老天爷能不能给我一个机会，让我了解她。起码她带给我生命，把我带到这个世界，给了我感受一切的机会。她现在可能要走了，然而我对她一无所知。那个原本计划一个半小时的手术，最终做了七个半小时，我几乎是一直站在手术室门外，看着医生一会儿出来，一会儿又进去，一直在折腾，麻醉师出来进去了两次。最后执行手术的医生出来，对我说手术成功了，然后拿了一大盘子乱七八糟的东西，说从她身体里掏出来的东西有这么七盘子。我听病人没事了，手术成功了，就往后退，从头发到脚指甲都是软的。我一下就坐到凳子上，然后特别虚幻地看着我爸跟那个医生说话。（我）心里觉得太好了，谢谢医生，真的给了我这个机会。想到这里，我突然就蹦起来，因为七个半小时的手术过程中医生都没吃东西，要赶紧请他们吃饭，于是我就跑去订饭店。

从那天开始，我就开始主动跟我妈说话了，逮着任何机会都聊。聊的就是她小时候的事情。我妈妈小时候很坎坷，我听着都会觉得生活真的是永远比编剧编出来的剧情更狗血、更奇特。我也会去问，除了我爸你还喜欢过别人吗？我问各种隐私，各种试图了解她的问题，这个过程中当然也聊到了有我之后，包括把我送回山东的事情，对于我妈来说那是一件令她极其后悔的事情。

父母是双职工，三班倒的那种，就算把我送到幼儿园也经常会没有人接，他们也是实在没办法，想来想去就只能送回山东老家爷爷奶奶那里，每个月多给一些钱。在当时来说，这是一个特别完美的决定。那时候我 1 岁多，我爸送过我两次，我不停地哭，他一心软就又带我回家了。后来我妈也送了两次。第一次（我）也是哭得不行，又（被）抱回家了。最后一次我妈故意让我跟奶奶睡一个被窝，半夜我悄悄爬到我妈这边，说妈妈再抱抱我。我妈妈就一边流眼泪，一边说到奶奶那边去睡，要把我轰走。然后我就开始哭，我妈也开始哭。就这样，她把我放到山东，自己哭着回去了。但她说的这些事我都没有记忆，根本想不起来。后来他们也没有时间回到山东去看我，所以我的记忆中是没有爸爸妈妈这个概念的。

毕啸南：所以这就是你在妈妈手术后的六七年时间里没有拍戏的原因，你其实是在完成一次和母亲的重新相认？

颜丙燕：对，就是母女之间一种特别的重新认知。她讲我从山东回家后天天闯祸（她）打我的过程，我对这个印象很深刻，之前总觉得她天天帮着外人打我。然后当我从她的角度来听这一段的时候，我就对我妈说，我要是你，这孩子早被我打死了。

毕啸南：你是颜回的第 79 代孙，你的奶奶是孔子的第 78 代孙。这样的家族背景对你的童年生活有什么影响吗？

颜丙燕：没什么太深刻的影响，如果说有影响，应该是从小听奶奶讲了很多颜回的故事，耳濡目染。我基本上就是散养，睡醒后就出去野了，满野地里跑。那时候的小伙伴基本都是男孩子，因为在农村女孩子让出门的少。我是一个特例，因为我是北京来的，爷爷奶奶又宠我，所以我可以天天跑出去玩，饿了就跑回家，屋里有奶奶蒸好的大馒头，我抓一个馒头，咬一口就又出门去了。不过我很小就会做家务事，也会带弟弟妹妹。

因为是散养，又天天跟男孩子一起玩，所以我其实没有什么规矩感。搞得我 6 岁回北京上学后，我妈就疯了。城市里的孩子是一个样子，我完全是另外一个样子。我妈说她每天都提心吊胆，不知道这个孩子放出去之后又要干什么。

比如一、二年级的时候，有一个班长，说了我几句，我不高兴，抄起了一个土疙瘩，里面包了半块砖，就直接拍到人家脸上了，然后血就流下来了，粉碎性骨折。我直接就走了，回家了，还觉得他怂，一个男的这就哭了，连手都不带还的。一会儿，人家家长带着孩子来了，我爸蹬自行车带人家去医院，我妈就胖揍了我一顿。我那时候会想，这个妈妈是干什么的呢？怎么帮着别人修理我！我就觉得她跟外人是一伙儿的。

最开始的几年，她天天揍我，没多久就把我打服了。

毕啸南：你妈也是个狠角色。

颜丙燕：她那时候经常会说我是一个女流氓。她说，你这个样子就是女流氓，抽烟、早恋，是要被枪毙的你知道吗？我就特别不以为然，觉得有代沟，就不和她聊。我跟我妈妈在一起超不过 15 分钟，她就会挑剔我的衣服为什么要这么穿，头发怎么梳成这个样子，化什么妆，打什么耳朵眼儿，等等。一直就是这样的状态，直到她生病。

我现在特别理解她。那时候她给我立了很多规矩，当我回头看这个过程时，会觉得自己的叛逆好可笑。所以那段时间我经常会跟我妈说对不起。

毕啸南：你跟你妈妈说对不起的时候，她会跟你说什么呢？

颜丙燕：她也会跟我说对不起，她很抱歉。她经常说以后如果我有了孩子，千万不要给别人带，哪怕是你们的父母。我的经历对她来说是一个最大的伤痛，她觉得她永远都不能够取代奶奶在我心中的位置，使我觉得最亲的人是奶奶，而不是她。她还会说那时候对我下手太狠了……

那几年中，我跟我妈通过这样的沟通解决了很多问题。我用了六七年的时间知道了“妈妈”这两个字的真正含义，重新认识了她这个人。她跟别人不一样。尤其当她走了之后，你会发现她确实不一样，是奶奶、阿姨都取代不了的。这是一个特别的过程，可能就是我们所说的修行。当我拼尽所有，去感受一些事情、解决一些事情、经历一些事情、了解一些事情，等达到了那个目的以后，你会为之痛苦，因为它太极致了。我现在有时候会想，我妈妈走得太早了，在我自己还没有当上妈妈的时候她就走了。

任何人都无权决定亲人的生死

毕啸南：你们母女的这一场生离死别，给你的人生带来了很多的痛苦，也带来了很多养料。当生命的消逝无可挽回，亲人的离去已注定的时候，你是如何面对的？有人选择保留生命的尊严，于是放弃，因为病人活得很痛苦；但也有人一直在坚持，像你就坚持了 8 年。

颜丙燕：其实到第三年就已经超出了医生的预期，从那时候开始，医生就不断地和我爸爸以及我讨论是否继续治疗的问题。到后来几年，医生已经很直接地劝我们放弃。一是经济方面的压力很大，我那个时候已经债台高筑，不过爸爸妈妈并不知道，他们一直认为我在拍戏赚钱。二是医生认为，病人如果还具备相对基本的生存感受，也还好。可是我妈妈很痛苦，那是如同患上骨癌的疼痛。对于这样一个痛苦的病人来说，谁对她最好，谁在她身边，谁跟她最亲，她就会折磨谁。她就像个孩子，疯狂、无理，这些我们都经历过。但当医生劝我们放弃时，我说，放弃不了，我做不到，因为我妈妈很坚强，我觉得她坚持这么久是因为坚强。

毕啸南：那她嘴上有说要放弃吗？

颜丙燕：她会说。但因为我是一个演员，我曾说演员等同于心理医生。因为当你呈现一个角色的时候，必须把自己和她换位，设身处地地站在这个角色的家庭背景、教育背景、成长经历以及其他所有因素当中去理解。所以，当我妈妈不断地说我不要拖累你们，让我死吧，让我走吧，我能感觉到她还没有真的放弃。那其实是她对亲人的愧疚，她觉得自己拖累了亲人。那些年我们已经习惯了医院报她病危，但每一次报病危都能抢救回来。其实我们很早就把所有的后事准备好了，可是当她真走的时候，我还是觉得太突然了，完全没有心理准备。事实上，对于你挚爱的亲人，他们的离去你永远也准备不好。

后来我去医院收拾她的东西，从枕头套里发现了很多字条，都是她写的。她的病房里有电视，她看节目说哪个医生，擅长治什么样的病，跟她这个可能有点儿沾边，她就记下来，说不知道他能不能救我一命。可这个字条我们谁都没有见过，她也从未跟我们任何人说起过。

在她离世前几天，她又写了一张：燕子，妈妈累了，妈妈想放弃了，妈妈撑不住了。

其实一个人如果真想走的时候，不需要打招呼，她只要自己放弃，自然就走了。所以我一直都说我妈妈特别棒、特别坚强。因为到后来对她的治疗，就是在平衡对她各个器官的损伤，针对需要养护的器官不断换药。后来那些年的治疗一直是这样的平衡，支撑她的真就是她心里的那半口气，如果她放下，谁都救不回来。

她一直在坚持，而我们作为亲人，不需要替她去做选择。任何人都无权决定亲人的生死，我们只需要去爱。

毕啸南：这句话很重要，点到了每个人生命的归属权的问题。我想我们都同意，每个人要对自己的生命负责，在成长的过程中，在社会中奋斗打拼的过程中，所有人都会告诉你这句话，对你自己负责。但是为什么轮到了生命中最大的一个问题——死亡，忽然说你不能自己做主了，你要听别人的。

你妈妈的行为中有种惊人的力量，就是她把那么多求生的话写下来，但是却不对任何人说。你可以想象，当她在做这些事情的时候，当她今天写完一句话，偷偷掖进枕套里，然后面色如常地和你说话，这一定需要非常强的精神力量才可以。你母亲能够在病床上咬牙坚持那么久，靠的就是这股力量，如果遇到一些可以治愈的疾病，或者忽然找到了有效的治疗手段，那么她就可以活下去。

颜丙燕：2001 年我曾经拍过一个讲急诊室故事的电视剧《永不放弃》，我演急诊室医生。戏里头有一个故事，是一个女病人选择安乐死。这个概念在当时还是挺新的。我当时还挺不理解的，后来轮到我妈妈，我就特别明白了。我们只需要跟她换位思考，多理解，就足够了。

亲人离世后的遗憾是无处不在的。所以我总是跟身边的人说，不要跟父母叛逆较劲，那样太不成熟、太幼稚了，而应该尝试着去了解他们。我们老喊口号说理解万岁，其实没有几个人真正去理解。如果有一天我做了母亲，我要尝试着去跟孩子同步。

当然，这其实是父母和子女双方的问题，大多数父母也会把自己的很多隐私藏起来，因为要在孩子面前树立一个良好形象，父母一般不太能（放开）让子女知道他们曾经比较糟糕的一面。可其实当孩子长大，试图去了解和理解你的时候，父母们也应该尝试着敞开自己，打开心里的那扇门。

这就是我们说的跟孩子做朋友。孩子不可能崇拜你一辈子，他早晚会长大，会从一个旁观者的角度去看（问题）。我觉得中国传统的孝道，是有些把父母给架起来了。

冻卵，时刻准备着当妈妈

毕啸南：你现在还没有结婚，对婚姻和未来的母亲身份你有什么准备吗?

颜丙燕：时刻准备着。

其实我演过太多的妈妈了，每一个戏里的小孩子，不管是不是演我的孩子，都会黏着我。其他人老说我是孩子王，我说其实是因为我从跟我妈妈（一起）的这一段（时间）里学会了一件事情，就是无论是跟孩子还是老人交流的时候都要换位思考。当你站在他的角度上去考虑一切的时候，你就豁然开朗了。

毕啸南：两代人之间的换位思考很难，比同辈人之间或者同事之间更难。因为仿佛经常有一个假设前提，就是这种换位是行不通的。

颜丙燕：是的。所以你跟孩子讲话的时候，就不要说一些大人的话，应该用简单易懂的语言去跟他交流，认真地跟他探讨。孩子的世界其实远比我们想象的丰富和复杂，你会觉得总有惊喜。

我总是在想，我真的应该有一个孩子。我特别希望等我有了一个孩子后，尝试着去跟他交流。当然，也可能真等我自己有了孩子，就会像千千万万的妈妈一样，毫无边际地宠爱或者怎样。我身边的很多好朋友都生了孩子，有时候我会很看不惯她们时刻把孩子抱在身上的样子。而她们会说，我这么说是因为孩子不是从我肚子里掏出来的。我说我特别理解你的意思，但是旁观者清，趁着我现在还清醒，我要告诉你孩子不能这样一味地宠。

当然，如果我有孩子一定是老来得子，我可能会更可怕。

毕啸南：你会冻卵吗？

颜丙燕：我已经冻了，我 44 岁，再不冻就来不及了，不知道什么时候就没有（排卵）了。前年我在美国拍戏，正好美国这方面的技术比较先进稳妥，我就冻了。

对我爸爸来说，这是一个安慰。因为我这么大了，还没嫁出去，我爸爸总是认为是他们拖累了我，他们会认为是（因为）家里有病人拖累了我。我爸爸第一次流眼泪，就是我跟一个男朋友分手（时），那个男朋友我爸妈都很喜欢，可是当时确实因为生活环境太恶劣了，我已经没有钱了，男朋友也没有，当一个男孩子看着你债台高筑，又帮不上你的（时候）那种心态是很悲伤、很无奈的。后来有一天，他跟我说要不然我们分手吧，然后我说好。

这件事我隐瞒了很久，后来被我妹妹说漏了。那天我和爸爸在家里喝二锅头，那场景像拍电影一样。我们在一个茶几的两端，我坐在这边沙发（上），桌上两个酒杯，中间是简单的下酒菜。

爸爸喝着酒，忽然跟我说，丫头，跟那个谁分手了是吗？爸爸妈妈对不起你，拖累你了，我们没有过好自己的生活。

我刚要抬头，就看到爸爸的大眼泪珠子砸在了茶几上。那一瞬间我不敢看他了，因为我没见过他哭。我爸迅速地站起来，去卫生间了。我当时觉得好难过。这么多年，我没有结婚，没有生孩子，妈妈虽然走了，可爸爸还在。但是对于婚姻，在经历了一段功利性很强的、为了结婚而寻找人选的经历后，我决定既不应该为了结婚而结婚，也不要为了生孩子而结婚，我还是想要为了爱情而爱。

我曾经那么努力、那么认真、那么急功近利地想要嫁出去，结果频频失败，其实对我的打击挺大。不是说我嫁不出去，而是我觉得自己怎么能这么二呢？我很瞧不起我自己。所以其实在我不结婚、不生孩子的事情上，我最对不起我爸爸。

前年我冻完了卵子以后就跟我爸说，不着急了，我已经冻上（卵子）了，如果有一天我遇到合适的可以做孩子爸爸的男人，就算我已经没有生育能力，我也可以想要几个就要几个。我爸他很不理解这个事情。我说我可以同时找几个人代孕，一块儿生，一块儿长大。我爸当时就特（别）无语地看着我，但我觉得对他来说这算是一个小小的安慰，也从某种角度上解放了我自己。

演戏首先要面对自己

毕啸南：母亲离世后，你重新回到表演行业后，是否发现很多东西改变了，包括大家对你的认知?

颜丙燕：很多人问，这么多年，我在一个女演员最好的黄金阶段退出了影坛，是不是觉得亏了？我回答，一点儿都没有。我特别感恩生活，感恩我妈妈，虽然她走了。但是在那段生活、那段经历当中，其实我是比其他人更早地感受到了真正的生离死别。现在回想起来，我其实打开了很多——或者是说我的视角更开阔了，对于很多人情世故、生老病死、爱情，一切的一切，在那些年里都经历过了。

我的职业是演员，因此这些很极致的经历，恰恰都是在我心里加分的，成为我再次上路的装备。这些经历一定会呈现在我的表演中，让更多的人感受到。如果没有这个经历——我不知道，这个没有如果吧——我可能是另外一个状态，但绝对不是现在这样的心智和感受。

毕啸南：你从来都没想过要“红”吗?

颜丙燕：“红”这个事，我觉得谁都想。不管是什么职业，可能大家都会对名利和金钱有所向往，因为那毕竟很美好，毕竟是很能勾起人的欲望的事情。万众瞩目的感觉一定很好吧？然后，有很多钱，花不完的钱，对吧？我相信，可能每一个人在内心都有这样的期盼：如果我能那样该多好！但是每一个人活在这世上，遇到什么样的人，什么样的事情，生活就可能给你不一样的感悟。我的生活给我的启示就是让我更多地去感受事物。就像我前面说的，都在我的装备里面。

人生在世，大多是不到百年的时间，你赚了许多钱，有了不小的虚名，好不好呢？当然，我知道这可以证明一个人的能力，一个人的情商、智商，这些是没问题的。但是有些事情其实是加在内心的，加在装备里面的，那个东西更美好。因为你知道，你感受得到。

毕啸南：业界有传言说，凡是拍颜丙燕的戏，收工就得晚点儿。从褒义理解，叫拍戏特别认真，但也有人说你拍戏特别较劲。

颜丙燕：当你喜欢一个工作、喜欢做一件事情的时候，可能你会下意识地、身不由己地、控制不住地全情投入，你会希望做得越来越好。因为我没有学过影视表演，没有受过专业训练，没有老师告诉我一些方法和技巧，（我）从一开始演戏只是因为喜欢，逐渐就形成了一种方式。每拍完一个戏以后，我都会很认真地一个镜头一个镜头地看一遍，用专业术语叫“拉片子”。我会拉自己的片子。看的过程就是回忆当时演这场戏、说这句话的时候，我是怎么想的，我脑子里呈现的影像应该是什么样子的。然后我会做对比，看看拍出来以后是什么样子，为什么跟我想象的不一样。搞清楚我有什么地方不对，错在哪里。把这个想明白了，再接着往下看。到今天为止，我一直坚持这么做，每一部戏都会。

这是我自己的一个方法，很笨的一个方法，但是很有效。当我再去演后面的戏的时候，我会注意之前所有犯过的错误或者失误。我会开始检索自己的表演方式，从原来的纯感性的表演，越到后面越是增加了一些理性。不过还是以感性为主，必须是我自己心里面的真实感受，附带一些我自己总结出来的理性的东西。这些东西对于学过表演的演员来说很简单，都是一些很基本、很常规的东西，但我是自己总结出来的。

有时候拍戏，我会感觉到之前某句话的逻辑重音不对，应该放在前面那个字，而不是后面。放在后面那个字上虽然感觉差不多，但是不准确。于是有的时候（我）会为了求一个准确，请求导演能不能再给我一次机会，再拍一条。尤其是在拍电视剧的过程中，投资方每天拿着小鞭子抽着，要求快快快，每天都计划拍出很多场戏，有时候恨不得要 20 多场戏。导演和现场所有人也都很着急，想赶紧往下拍。这个时候你要求再来一条，可能人家的灯位、机位都已经挪到下一个镜头了，因为导演喊过了。你说导演能不能再来一条，我刚才的逻辑重音错了，然后说对不起摄影老师、灯光老师能不能重来一次：你会发现这种再来一条的要求越来越艰难、越来越难为情。

我每次都要自己鼓励自己，就是撕破了这张脸也得再来一次。你不答应我，我就磨。我会很认真地对导演讲为什么要再来一条，我说您再看一遍回放，听一下我的逻辑重音真是错的。有的导演会说后期补一下就可以，我说如果我的逻辑重音错了，那我的表演状态一定也是不准的，我脸上的表情也肯定是不准的。

影视圈里总说电影、表演本身就是一门遗憾的艺术。我说对，我们全情投入、认认真真去演一部戏，就算现场没有任何问题，再去看的时候也都会有很多遗憾：当时我那个话为什么不这么说？我为什么不回个头？都有许多的遗憾。但至少首先要做到现场没有遗憾吧？

而且我从来不跨戏，我没有那个能力。

毕啸南：你曾说过，哪怕只有10位观众认可你，只要是通过你的作品来认识你的话，你就会很满足。对于千千万万个想考上北电、中戏、广院的年轻人来说，或者对于想从事艺术表演工作的人来说，你觉得这样的价值观可以成为他们的方向吗？换句话说，今天的颜丙燕可以是他们以后想成为的样子吗，还是说你也是有局限的？

颜丙燕：我是很热爱这份工作的。我觉得，如果是和我有同样的热爱，想做一个演员的年轻人，他们自然就会心甘情愿地像我一样。我觉得自己特别幸运。我演了这么多年戏，面对镜头做访谈依然可以化妆连底色都不打，我去市场买菜，穿着大裤衩、拖鞋就出门了。我觉得这是一种自如。对于这份工作，我觉得很放松，我不太愿意让它受到太多欲望的影响。

毕啸南：在你看来，表演究竟是什么？你演戏是给谁看的呢？

颜丙燕：表演是演员通过自身，用身心去呈现剧本、呈现角色、呈现导演和编剧心目中的那个形象。添血加肉，让他变成一个活人，一个有生命力的人物。你的角色要能够顺畅地带领观众进入剧情，让观众去体会你所要讲的故事。这应该是这份工作最根本、最基础的意义！

演给谁看？当然是演给观众看，演给关注你所讲述的故事的人，讲给他们听，演给他们看。但当你想演给别人看的同时，你首先要演给自己看。也就是说，你自己是否能够被打动。你的角色也好，表演方式也好，故事也好，是不是可以感动你自己。只有你被感动了，观众才有可能被感动——也只是可能。所以，（戏）是演给观众看的，但首先要面对的是自己，是自己的内心。

啸南说

每个人的亲情都需要落脚之地

两代人之间的故事永远说不完，这一点在中国的父母与子女之间尤其如此。

诗人北岛在《城门开》中有一段描述让我在读时不禁动容：

父亲离世前我获准回去三次，每次一个月。由于强烈的生存意识，他过了一关又一关，最后半年他全面崩溃，只能靠药物维持。第二次脑血栓废掉了语言能力，对他这样话多的人（来说）是最大（的）磨难。他表达不出来，就用指头在我（的）手上写，并咿咿呀呀发出怪声。我每天早上做好小菜，用保温箱带到 304 医院，一勺勺喂他。我多想跟他说说话，但这会让他情绪激动，因无法表达而更痛苦。每回看到那无助的眼神和僵硬的舌头，我心如刀割。

2003 年 1 月 11 日，星期六，我像往常那样，上午 10 点左右来到 304 医院病房。第二天我就要返回美国了。中午时分，我喂完饭，用电动剃须刀帮他把脸刮净。我们都知道，最后的时刻到了。他的舌头在口中用力翻卷，居然吐出几个清晰的字："我爱你。"我冲动地搂住他："爸爸，我也爱你。"记忆所及，这是我们第一次也是最后一次这样说话。

北岛的故事当然不是孤案，那是中国人在忠孝传统之下，几百上千年隐忍不发的真挚情感，或许只有死亡，只可能是死亡，才有力量撬开人们心中紧紧关闭的那扇由血脉铸成的闸门，让两代人坦诚相见。在这个意义上，颜丙燕的故事具有颠覆性的意义，值得所有人思考并且应用到自己的行动中。

生活中，人们总说不同代际的人之间代沟深壑，想要做到彼此理解比登天还难，甚至在很多人看来这是不可能完成的任务。

在我的经验中，许多中国家庭在生活中代际间长期存在缄默和压抑，往往被善意地解读为父母和子女彼此情感不言自明的暗涌，直白的表达往往是唐突和令人尴尬的事情。

这种选择似乎可以带来一种更为深厚的情感默契，实际上却让亲情失去了坚固的落脚之地。缺乏细节的理解与爱，往往只是一厢情愿的想象，到头来让人在死亡面前追悔莫及。

所以我佩服颜丙燕，她放下了记忆的负担，鼓起了开口的勇气，向母亲寻求母女一场所需的细节。我也为她感到庆幸，病魔网开一面，给她留了足够的时间。

说起来，我与颜丙燕结缘颇深。

2013 年，我在传媒大学念博士，有幸成为第二十届北京大学生电影节主竞赛单元的评委之一，和一众前辈、专家关在北京师范大学北国剧场里整整三天，一部一部地看。有的电影让人很惊喜，有的看得我昏昏欲睡，等到《万箭穿心》播完，我的心像被猫抓了似的，心想，就是她了。她把李宝莉跌宕起伏的一生演绎得淋漓尽致，生活的万般苦痛、无奈、倔强与希望，让她演得分不清真假。毫无意外，颜丙燕以绝对优势当选了最佳女主角。

争议出现在最佳影片和评委会大奖的投票过程，那一年参评的还有冯小刚导演的《1942》。《1942》好不好呢？各人的角度不一，在我看来《1942》还没有达到其最佳水准，大宏观历史叙事类的电影很容易失真。相比之下，《万箭穿心》虽然也不是没问题，但在当下的电影环境中，这样血淋淋的现实主义题材，实属关怀底层人物命运的佳作。在后来的投票过程中，这两部电影连续几轮都打成了平手。最后《1942》获得最佳影片奖，电影节评委会大奖由《万箭穿心》和《神探亨特张》一同获得。

这是我和颜丙燕第一次结缘。回来后我上网搜索这位女演员的资料，竟意外地发现她就是当年饰演《红十字方队》里的将门虎女肖虹的演员，更让我激动的是她竟然就是《甘十九妹》里的尉迟兰心！对我这样的“80后”而言，1996年播出的《甘十九妹》的影响绝对达到了万人空巷的地步！这部戏，加上《西游记》、《红楼梦》、《白眉大侠》和《新白娘子传奇》，几乎构成了我的童年关于电视剧的全部记忆。

原来，我早就认识了颜丙燕。

我在念研究生的时候，因缘际会做了几部话剧。最开始没什么经验，也没有能拿得出手的作品，做了七八部戏之后，觉得有点儿入门了，就想认真扎实地做一部好戏。当时戏里有一位角色，需要全程坐在轮椅上表演，我第一时间就想到了颜丙燕。于是我通过朋友联系到她，先是邮件往来，后来通过电话聊剧本和表演，两人相谈甚欢。本来一切顺利，没想到中途资金出了问题，难以推进，只好跟她如实说明情况。结果她回复，只要剧本够好就愿意降低片酬。我当时非常感动，甚至惊讶于这种级别的成名演员能够如此不在意身价。后来我得知，这早就不是颜丙燕第一次为戏牺牲个人利益了，让我对她的敬意倍增。

所以此后，凡是遇上颜丙燕的戏，我都尽量帮忙吆喝宣传。我不敢说颜丙燕是中国最好的女演员，但绝对是其中之一。于是顺理成章地，在我策划第一季《女性领袖人物》的时候，我首先邀约的就是颜丙燕。为了录制一期好节目，我和她几乎时不时就打四五个小时的电话，经常是晚上 11 点多开始通话，到第二天凌晨三四点不得不结束话题。

我们沟通得越多，我对颜丙燕就越是欣赏和喜欢，如果用一句话来形容她，那就是“踏踏实实做事，堂堂正正做人”。颜丙燕是颜回的第 79 代孙，关于多少代的问题，我俩还特意去查了宗谱。只是这段历史太过久远，也不知道对不对。但她从小跟着爷爷奶奶在孔孟之乡长大，山东人的正直、善良和大家风范却实实在在地融入到她的血液里。

颜丙燕对表演的认真态度和对艺术的坚持令我钦佩。迄今为止，她仍然坚持每一部戏都拉片子，每一句台词、每一个字的音调，都力争到位。拍摄时，她会跟导演说，刚才某句台词里的逻辑重音不对，应该放在前面那个字上，而不是后面的字。导演说差不多了，她会说虽然差不多，但还是不准确。为了这个“准确”，她会求着导演再给她一次机会，再拍一条。在当下的影视环境下，拼速度比拼质量的多，提出这样的要求需要当事人顶住非常大的精神压力。

她曾对我说：“你会发现再来一条这样的想法越来越艰难，越来越难为情。可是我每次都要鼓励自己，就是撕破了这张脸也得再来一次。你不答应我，我就磨……影视圈的人总是说电影和表演都是遗憾的艺术，我同意，但正因为如此，才更需要我们全情投入啊。”

当然最打动我的，还是她和母亲的故事。前面说过，《甘十九妹》《红十字方队》等作品后，颜丙燕消失了整整 8 年。我一直很好奇中间这么多年她去了哪里，这次采访终于让我知道了答案。

燕子（颜丙燕）讲述的故事让我百感交集，我自诩也是一个孝顺的孩子，但扪心自问，她做到的事情我能做到吗？恐怕很难。尤其是考虑到她在一个女演员最好的黄金阶段退出，这种选择就更显得可贵。

燕子说，在那段经历中她比其他人更提前地感受到了真正的生离死别。燕子说，一个身患绝症的病人，说自己不想活下去了，可能是出于她对亲人的愧疚。燕子说，一个人如果真想走的时候，只要自己放弃就可以离开了。所以亲人不需要替病人做选择，只需要全心全意地去爱、去陪伴。

忙碌的现代生活中，拼搏奋斗的年轻人总是发出“敢问路在何方”的疑问，对未来的期待和焦虑是我们通常的优先考虑。但在回答这个问题之前，“我是谁”和“我来自哪里”才是需要率先解答的生命之问。在这个意义上，打破父母和子女之间的隔阂，实现真正的理解，是每个人想要完成自己使命的必要前提。因为人之为人，不是按照程序运转的机器，而是每时每刻都要消耗心灵之力引导行动的生命。我相信对于所有人来说，亲情都是构成这份力量的主要源泉。

所以我确信，在颜丙燕经过了那宝贵的 8 年之后，她不仅弥补了情感上的遗憾，更对自己未来的生活有了清醒的看法。

她的故事对我影响之大，恐怕是她想不到的。

燕子，谢谢你。

亚妮：本分的力量

放弃有一千条理由，坚持却只需要一个

亚妮，出生于浙江省宁波市。北京广播学院毕业，是著名电影导演严恭和苏里的关门弟子。曾在浙江电视台担任电视节目主持人，兼制片人、导演。2000年，以她的名字命名的人文栏目《亚妮专访》登陆浙江卫视，亚妮亲切自然的主持风格受到业内外人士的一致好评。事业走向巅峰的亚妮，曾多次获国家广播电视大奖，连续10多次获浙江省优秀广播电视节目政府一等奖、中国广播电视“金话筒”金奖、全国十佳主持人、享国务院特殊津贴等多项殊荣。然而，此后的10多年中，亚妮从荧屏上销声匿迹了，人们不断追问：亚妮去哪儿了？而在人们好奇的同时，亚妮用了整整13年的时间，一直在跟踪拍摄一部关于“没眼人”的电影。

“没眼人”是流浪在太行山深处的一群卖唱的盲艺人。他们以最原生的方式传承着被列为中国非物质文化遗产的左权民歌。他们的歌声、他们的故事深深地打动了亚妮，十几年间，亚妮克服了难以想象的种种困难，变卖房产、四处借钱、筹措资金，用以记录这个特殊群体的生死与爱。2017年，亚妮带着她的故事归来。

而在“没眼人”的背后，还隐藏着一个无法对外人说出的故事，沉淀着亚妮最深沉的情感。

“眼没了”，心就亮了

毕啸南：2016年6月《没眼人》出版以来，在媒体界引起了很大的轰动，这本书相应配套了电影和纪录片，现在的完成进度怎么样?

亚妮：片子前期基本拍完，后期还没有做。事实上，《没眼人》的书不是跟电影配套，是万不得已才出的。电影拍了太多年：2002年至今。因为“没眼人”看不见，他们问我，你到底拍没拍？你到底在干什么？说山里的老乡都说你已经被开除了，到饭店里去当服务员了。其实对我来说拍不拍无所谓，主要的是我觉得有点儿对不起这些盲人，他们跟了我十几年，为此我得有个交代。但是我没法用电影交代，没做完，我也没钱了，怎么办呢？我当时没想写成一本书，只是想把一路记录这件事的日记先发表了，让“没眼人”觉得我至少做了一件事。

我花了两年多的时间把日记整理出来，中间有过很多波折。最初计划是 17 万字，现在是不到 9 万字。在出这（本书）之前我给崔永元打了个电话，因为他是我的好朋友，我说出版社说这种书很难卖，一定要有明星来撑台，你来帮我吧。小崔是个非常厚道、公益心极强的人，就说好。没想到，在北大百年讲堂举行首发活动的前一天，他突然给我来了个电话，说来不了了。我当时特别郁闷，心想是不是他嫌我这本书没什么卖点，或者说在要明星的架子。我说你自己看着办吧。第二天凌晨，他给我发了个短信，说一定到。这个反复让我觉得很奇怪。

下午他来了，一下车我就看到一个病恹恹的人走过来，连走路都有点儿费劲。原来他得了一场大病，正在上海住院，专门为我这个事儿出院，赶到北京，然后在舞台上整整站了两个小时。

这本书出来后，我总算对我的盲人兄弟们有了个交代。没想到在几天之内，两万册的首印就销售一空了，然后就不停地加印。后来这本书也获了不少奖。之前我以为读这本书的都是中老年人，或者说是非遗爱好者、文化人、知识分子，恰恰相反，有好多年轻人读这本书。

毕啸南：您觉得原因是什么？

亚妮：我觉得正好赶上了现在文化回归的节骨眼儿，许多有知识、有求知欲的年轻人，开始从玄幻武侠、青春搞笑这样的题材转向更高的审美需求，而不再仅仅被商业化带着走。就在这些人思考、等待、寻找的时候，一抬头正好有这样一本书。我觉得这是天意。“没眼人”里最年长的“老屎蛋”经常跟我说，你不要去争，你要等。等什么？天意。

毕啸南：最初你为什么会做这件事，关注“没眼人”，和他们在一起？

亚妮：我学的专业是导演，一直想做纪录片。其实我根本没打算要做这件事。扪心自问，如果 13 年前我知道会经历中途这样或那样的波折，我还会不会去做？我的回答是，不会，因为太苦、太难、太折磨人了。

2001 年，浙江举办了大型的中国首届原生态民歌擂台赛，中国文化部非遗中心的主任田青选我做了这个节目的主持人。在决赛的时候上来了一个人，（他）穿着羊皮袄，拿着羊鞭，上台后一甩羊鞭就唱，所有的歌手都有，这个羊倌没有。（他）就在那里吼了三四分钟，吼了一首歌。因为我自己是学美术和音乐出身，所以我知道他唱的是左权民歌，但是我从来没有听过这么纯正的左权民歌。他一唱完台下鸦雀无声，也就几秒钟的时间，掌声雷动，他拔腿就跑，逃到台下去了。

后来我才知道，这个人是田青在这次比赛开始前几天去山里采风的时候偶遇的，他路过一个村庄，看到一个放羊的在唱歌，就告诉他几月几日到哪里参加比赛。他们家没有钱，只有 400 头羊，他爸爸卖了4头羊给他做盘缠。最后决赛唯一的歌王奖，被他给拿走了。

比赛第二天他就要回家放羊。我就跟着他走了，到了左权县石匣乡红都村。

毕啸南：你为什么要跟他走?

亚妮：当时我是导演、主持人兼制片人，承担着收视率的压力，我突然发现在这个人身上是有收视率的。职业的敏感告诉我，这个人一定有故事。我的摄制组就两个人，我和我的摄像员，到了村里就拍了他的片子。等到出村的时候，我忽然听到了歌声，不是一个人唱，是一群人唱。循着歌声，我们找到了一间祠堂，那里面坐着 11 个人，全是男的，睁着眼向天而歌。羊倌的爸爸石老爹告诉我，这群人叫“没眼人”。

这是他说的第一个词，第二个他说“光棍”，第三个词是“八路”。“没眼人”“光棍”“八路”，我觉得三个词完全连不起来。后来左权县文化局的局长告诉我一个典故：1938 年中国抗日战争非常艰难的时候，八路军转移到了左权县，日本人封锁得非常厉害，八路军的武器运输和情报来往，几乎完全被封锁。一天有两个盲人要到红都炮楼给日本人唱小曲儿算命，由一个七八岁的小孩带路。这件事被八路军特务连的一个连长知道后，他就拜托两个盲人，从内应的手里拿情报，让那个孩子看清楚炮楼的火力和人数，以及换岗的时间。于是两个盲人、一个孩子完成了这项谍战工作，三天后，八路军就攻下了这座炮楼。

那以后八路军就觉得盲人是非常好的可以用来做掩护的部队，就把所有的盲人组织起来，成立了四个小分队，进出敌占区，送情报、运军火、运送物资，这个队伍就叫“没眼人”。当时边区政府有一个不成文的规定，“没眼人”到村里一定要安排吃饭和住宿。1945 年抗日战争胜利以后，这批“没眼人”也没有散，就一直在这里。而太行山的老乡只要生下了一个瞎娃娃，就会送到这里，当地人也一直像从前那样照顾着他们。

毕啸南：但真正打动你的，应该还是他们的歌声。

亚妮：歌声，还有他们的状态。你想想看，这么一排盲人，脸上是那种阳光般的笑容，每个人都可以操持五六种乐器，个个身怀绝技，个个唱得那么好。他们没有家、没有通信、没有交通甚至没有姓，什么都没有。我觉得在这样一个偏僻的山区里边，一群盲人唱着与他们的身体状态完全不一样的灿烂歌声，人没有办法不被打动。

然后我打电话给田青老师的时候，他说中国最原生的西部民歌可能就保存在这批人身上，你要拍。我回单位报选题，把录的歌放给台长听，他当场就批了。

最先拍了《向天而歌》和《弟弟的歌》，事实证明我的选择是对的。两期节目的收视率都非常好，又在一等奖空缺的情况下，得了星光奖二等奖。

毕啸南：为什么当时不这样做下去呢——比如隔段时间去拍些片子，然后回来获奖，而是投入进去 13 年？

亚妮：我当时想能不能让他们来演，拍成一个故事片。我就给我们省委宣传部的部长打了一个报告，说我要做个文化精品工程。我把当时的素材剪了一点儿送过去。部长说这个片子要支持，宣传部给了 30 万，同时财政厅给了 6 万，我们卫视做无偿支持。我当时就想，这样纯文化的东西，要找最好的摄影师，同时他们的文化离我们的文化要远一点儿，于是我就找了香港的摄影团队。等一签合同我傻了，36 万连付定金都不够。

那是 2006 年，我在山里面见他们闹红火，就是扭秧歌之类的民俗活动，我想让香港团队把它记录下来。我说这 36 万我都给你，你先帮我把这些东西拍了，剩下的我再想办法。

父亲给我 20 万

毕啸南：没钱了怎么办?

亚妮：紧箍就开始套上了，当时我还没意识到钱是那么难筹。我东借西借，突然发现没有任何一个人的想法跟我是一样的，我就开始怀疑自己的判断力。我找的都是企业家，没有一个人愿意付钱，他们说你不就是拍一批要饭的，这有什么好看的？有一个企业家给了我 10 万，然后和别人说我是没钱了找他骗钱。一夜之间，我就变成了朋友嘴里那种坑蒙拐骗的人。没有人相信我在拍“没眼人”，没有人相信山里有一批这样的人。当时我跟我的摄影师说，从今天开始，我不会跟任何企业家吃饭，我要用我自己的能力来做这件事情。第二天我飞到海南，去卖我的一套房。我说我一定要现金，中介找到了三个人，一个是 580 万元，一年分三次付清；一个是一次性 400 万元，但要等一段时间；还有一个是当时一次性 380 万。我选择了 380 万元，这笔钱用了两年就没了。我原以为一年就能拍完的。

接下来我把自己住的房子拿去抵押，加上贷款，凑了300万，也就撑了两三年，又没了。一开始的时候，我拍7个月、5个月，后来拍摄时间越来越少，像是春天去一个月，秋天去15天，但每年都会去。但到了最后，钱真的已经没有了。这期间一个偶然的机会，有个企业家给了我150万，到现在我也没有回款给他。到后来我实在支撑不住的时候，我想到了家里，跟我爸爸做了一次很长的谈话。

他是《宁波日报》的老社长，打游击出身，军管宁波后留了下来，我妈妈是他发展的第一位宁波女共产党员，一个纱厂的女工，于是就有了我。

爸爸听我把前因后果说完就说了四个字："有始有终。"

我说，爸爸我没钱，我不想做了。

爸爸什么话也没说。晚上妈妈给了我一个存折，里面有20万块钱，说是爸爸让交给我的。我问这钱是哪里来的，妈妈说是爸爸一生积攒下来的稿费。我非常难受，不想拿这个钱，但是我知道我要拍下去，我想把它拍完。然后妈妈又偷偷给了我10万块钱，说我知道你做的事情一定很重要，既然你爸爸给了你20万，我也给你一些，也不知道够不够。我妈妈也说了四个字："穷家富路。"

正好这个时候我有些片子获得了奖金，所有钱加起来将近70万元。我马上就组织团队又进山去拍。

也就十来天，妈妈打来一个电话，说你快回家，你爸爸住院了。我赶回去的时候爸爸还能说话，爸爸最后说的一句话是护士给他打针，他说："哎哟好疼。"当天晚上他大出血，在危重病房抢救了7天，却再也没有出来。爸爸没有问我钱怎么用了，说了句"好疼"就走了。

追悼会那天，我给"没眼人"打了个电话，说我爸爸死了，我暂时回不去。第二天"没眼人"给我打电话，他说我们面向南方，唱了一整夜的歌，为你爸爸唱，不知道你爸爸能不能听懂。我们想把他送到西天，让他一路走好。我说爸爸一定听得懂。因为（虽然）"没眼人"唱的都是当地的方言。

后来我帮助《宁波日报》整理将要出版的爸爸的论文集，我在他的书房抽屉里找到了很厚的一沓稿子，上面写着"女儿亚妮"，打开一看，写的是我做"没眼人"的整个过程，十几万字的故事，没有一个字提到他的20万。

毕啸南：所以其实父亲一直知道你在做什么，但是他一直没有跟你说过。这是非常深沉的情感，父亲对女儿没说出口的爱。因为父亲知道，这种爱也会成为你情感上的负担，你要多为一个关心你的人负责，他是心疼你，而且选择了一种饱含智慧的方式。

亚妮：对。爸爸走后，妈妈支持不住，那一年的时间我什么工作都做不了，天天陪着妈妈，然后整理爸爸的文档。爸爸写我的书稿我根本看不下去，我不能看，我就把它带到北京，交给爸爸生前的好友文怀沙，他帮我出版了这本书。

这么多年，我觉得真正支持我，让我走完这条路的是我的父亲。父亲生前很少说话，但是以身作则。从小时候父亲就给我开书单，要求一个月读完多少书，读完以后要写心得交给他。还有就是他那种笔耕不辍、兢兢业业在书房里工作的身影，让我从小就耳濡目染。《没眼人》能够完成，要感谢我的父亲；“没眼人”的电影能够完成，父亲的作用也是至关重要的。

现在最起码我们的盲人兄弟们已经相信（了）我做的这件事情。这本书出来以后，我们给他们朗读，他们甚至知道第几页有谁谁谁的照片，应该说这件事情的结局还是完美的。

坚守一份初心

毕啸南：其实还没有到结局的时候。

亚妮：对。但是有时候我有点儿困惑，发觉突然之间身边出现了许多人：有一种人是不相信，质疑我到底有没有做过这样的事情，所谓的 13 年是不是真的？还有一种人就是特别感动，觉得你做了一件惊天动地的善举。前者就不说了，对于后者的看法，我又会觉得奇怪，因为我父亲和我对这件事情的看法是一样的：这是应该做的，这是一个媒体人、文化人的本分，是我要坚守的一份初心。

毕啸南：那么为什么一件职责所在的事情，现在被理解成了一次善举，而且还有一些人不相信这种十三年如一日的精神？从我的经验来看，这不是发生在你身上的特例，而是相当普遍的现象，就是说凡事都必须讲回报，然后用一种特别复杂的情绪来猜度他人，就是我们常说的诛心之论，想要从动机上否定你。

亚妮：这就要问一问我们的社会到底出了什么事儿，我们的文化到底出了什么问题，令本该是属于本分的东西，变成了一种额外的、能令大家吃惊的事情。反过来说，如果到某一天，我在做的这件事情成了一个媒体或者文化工作者职责之内很本分的事情的时候，社会可能就会非常美好了。

毕啸南：你遇到了很多的艰难，表面上看这些困难好像是钱，但事实上远远不止于此，而是和我们目前整个社会的心态和运转机制有关。

亚妮：我觉得至少应该提倡个人要守住自己的职业本分。无论是政府层面还是民间，在文化以及其他各种领域所设立的理想和目标，都需要我们用这样一种本分的心态去完成。如果说没有这种本分，不要说发展，我觉得连保护和传承优良传统都是一句空话。

毕啸南：我一直不忍打断你的讲述，这是一个从头到尾非常温暖并且完整的故事，同时也很真实，因为你从一开始就并非想做一件惊天动地的事情。

亚妮：我到现在也没有这么想。我以为完全是为了收视率。

毕啸南：是的。但在这个过程中，有“没眼人”的歌声，有他们背后的故事，有你作为一个新闻和文化工作者的担当和坚守，非常重要的，还有家庭对你的熏陶和支持。从你的故事里能觉察出，家庭的作用巨大。

亚妮：过去的十几年，正好是我女儿在美国读书、学习的十几年。但其实我在她出去（后的）第二年就没有钱可以给她了，我又不能说你回来吧。女儿说没关系，我自己想办法。第二年，女儿给我打了个电话，告诉我她兼了两份工，中午在学校食堂帮厨做沙拉，晚上当助教帮老师改作业，她说我可以养活自己。我说你（的）学费呢。她说我选的是天体物理专业，这个专业从本科开始就可以拿奖学金。她最后一句话说，妈妈，我可以不用你的钱了，你的钱是要拍电影的。

毕啸南：你的女儿真好。但是从感性的角度来讲，身为母亲的你会觉得有所亏欠吗?

亚妮：我觉得我无论是作为一个女儿还是作为一个母亲，都是亏欠的，我愧对父母，也愧对女儿。但是我们家里从来没有人埋怨过我，包括我的哥哥，当他知道我做的这些事情时，也觉得我做的是对的，觉得给予我的支持太晚了。

我写了一篇文章，我念一下：

与父亲天堂的对话

我每次回家，父亲永远坐在他的书房里，一张很大的写字台，背后是一面墙的书。母亲每天早上会把一天的报纸放在那张书桌上，再泡上一杯浓浓的龙井茶。报纸是摊开的，龙井茶的盖子是半盖的，热气会从杯盖之间袅袅而上。

父亲走了，母亲依然故我地做着这一切，像是她的丈夫立马就会回来。《女儿亚妮》发行的第二天，我带着书坐回到父亲的那张椅子上，眼前仍是这般的景象，我也仿佛能听见楼梯上父亲缓慢、略微迟滞的脚步声，还有偶尔的几声咳嗽，推开门父亲温和的笑脸会出现，然后问我：回来了？

那天在这样的情景中，我与天堂的父亲有了一段对话。那天我注视着书房的门口，站起身把椅子让给父亲，坐到写字台的对面，对父亲说，我回来了。父亲坐到椅子上端起龙井说，很遗憾，太突然了，我没能等到你回来。我看着父亲，说：我这不是回来了吗？父亲看着我手上的书，说这不是一本书，是日记，每天记一点儿、记一点儿。我把书恭恭敬敬地放在父亲面前，对他说，对，这不是一本书，这是你每天看着我的目光。父亲又说，遗憾没能写完。我说，不重要，我只是不明白这么多东西你怎么记得住，尤其我做的那些片子，里面的对话你都一一记下，怎么可能？！父亲说，你的《亚妮专访》，每周二晚上9点，在浙江卫视播出，从开播到结束，我没有一天是不守着的。你还记得家里有一个录像机吗？很老旧了，人家都不用了，但我要用，我要把你的节目录下来，第二天再看，和你妈妈一起再看，把场景和对话都记下来。我说，但是你每年还写这么多的散文、小说、评论、随笔、论文，你还办了一张老年报啊，你是主编啊。父亲说，想做的事没有做不到的，把你的每一步都记下来，就像你一直在我的身边一样。我说，在家的时候你为什么不跟我说这些。父亲说，记下来或许更好，因为说过了会忘记。我说，我进山那天你给了我20万，我找遍你所有的文字你都只字未提，为什么？父亲说，我要你记住的是自己的执念，去做就好。

我看着父亲，我说你走的那天，我一直拉着你的手不放，姑姑说你已经走了，医生也说你走了，但我知道你没走远，还给你说了好多话，你听见了吗？父亲回答，我全都听见了，我说这10年我是应该陪着你的，只要你能回来，我什么都不要，只要你能回来。父亲说，傻孩子，我们终会相见的。我说，爸爸，你从来没跟我说过你爱我，你今天会不会说？父亲喝着龙井茶笑了。我的泪流下来，等我擦去眼泪，父亲已经不在了。

那杯龙井茶的热气变成一丝银色的线，像一缕魂飘逸着升上天去，我再也没有见到父亲。

啸南说

有始无终易，有始有终难

亚妮这期专访，看哭了很多观众。

专访完成之后我对身边的同事说，如果我们这个社会，建筑商都能够建造让人能安心居住的房子，食品安全至少不必让做父母的去抢购外国奶粉，老师可以不收红包也尽心尽力地教育孩子，如果每一位工作者都能够坚守职业的本分，我们的社会，还会不好吗？

很遗憾，我们不得不面对的现实是，在当下这个社会，很多人都愿意相信“快”的力量、“捷径”的力量、“潜规则”的力量。本分，已经成为稀缺品，甚至是被批判、嘲笑的对象。

我时时刻刻提醒自己，不要把节目做得过于煽情。但是在采访亚妮的时候，我还是忍不住落了泪。亚妮谈到父亲，她朗读的写给天国的信，情真意切，令人动容。这样的爱是伟大的，深沉且宁静。

有一年我录制央视的《对话》栏目，前一天刚带着父母登嵩山归来，回来一坐就是5个多小时，第二天腰痛得厉害，竟然连床都起不来。经过检查，这是长年劳累及不运动导致的腰肌劳损。后来我就经常找按摩师傅帮忙疏通经络，何师傅就是我常去劳烦的盲人按摩师。于是在专访亚妮之前，为了不问没有意义的“伪价值”问题，我特意去拜访了何师傅，向他做了一些请教。

何师傅生下来的时候还能些微地看见东西，小时候曾经趴在纸上吃力地认字、读书。尽管如此艰难，他小学的成绩却相当不错，只是上了初中以后，越发吃力，不得已辍学回家。他说自己有一位特别好的朋友，是一位很善良耿直的人。有一天，这位朋友很诚恳地对他说：“我要是你，我就去死了，这样活着没意义。”他也几次想到过自杀。他和其他情况类似的残疾人交流时发现很多人都有过同样的轻生念头。好在何师傅的父母对他关怀备至，给予他很多社会欠奉的温暖。

我问他，活到现在最开心的事是什么？他说，2004年的夏天领到第一个月的工资700元钱的时候，是他第一次觉得自己有价值、可以养活自己的时刻，至少他相信自己以后不会成为父母的负担。何师傅说，虽然现在还是会偶尔抱怨上天不公，但人总要积极乐观地生活，很多人的不开心，终归只是欲望太多。他向我谈起另一位生下来就看不见的李师傅：“像他那样，生下来什么都看不见，没有见过这个花花绿绿的世界，心底却纯净得很。”

我问何师傅现在的愿望是什么，原本以为他会说希望复明。然而他说："希望这个社会能对残疾人少一点儿歧视，给我们一些平等的尊重，因为我们也能够依靠自己的努力活下去。"在我看来，那些歧视残疾人的身体健全的人，何尝不是在情感上有了残缺和疾病？对弱者的尊重，是人性的反光镜。

后来我陆陆续续和五六位不同的盲人聊天，他们的世界和明眼人的世界其实并无太多不同，可能只是更简单、更干净——是因为看不见这花花世界的复杂和诱惑吧。了解了盲人，再来专访亚妮，想象亚妮置身于那些"没眼人"之中，多少能够做到设身处地一些。

我想自己不算是一个太庸俗的人，凡事都还有一定的追求和坚守，不至于因为金钱、名利就丧失了立场。但是当我面对亚妮，面对十余年如一日在茫茫黄土地、巍巍太行山上与一群盲人朝夕相处，只为了拍摄一部关于他们的电影的她时，坦率地说，我仍然产生了一丝疑虑。亚妮曾经是闪耀在镁光灯下、名利场上的红人，对于有过这种经历的人，这会是多么艰难的一件事。我想一定有什么巨大的理由在支撑着她，"没眼人"的故事一定比我眼下所知道的要复杂得多。带着这样的疑惑，我见到了亚妮。

亚妮的专访应该是我的职业生涯中说话最少的一次，中间的过程也没有完全按照提纲走，因为实在不忍心打扰她讲述自己13年的坚持，自己的四处借债，自己的父女一场……她在采访中唱起了“没眼人”的左权民歌，禁不住流下热泪，对面的我已然泪水盈眶，却终究不敢同悲同殇。

可以用一句很多人都听说过的话来描述亚妮的故事：放弃有一千个理由，坚持却只需要一个理由。

面对一场生命中为期 13 年的长途跋涉，很多人都会好奇地询问当事人亚妮能够坚持下来的原因。听完她的讲述，我想答案就是她父亲说的那四个字：“有始有终。”

生活早就告诉我们，凡事往往都是有始无终易，有始有终难。因为名利，因为安逸，因为自己的安全……人总是稍不留意就会在困难面前低头。

正确的提问方式不是问为什么不放弃，而是：如果困难真的难以克服，如果身心已经极度疲惫，我们为什么还要坚持？

学哲学的朋友经常会对我说一句话：“不是我们嘴上说的、脑子里想的，而是我们所做的决定了我们是什么样的人。”换句话说，我们做事情，不光是为了别人，更是为了实现自我价值。

就像某些网络上的“键盘侠”，会用文字彰显自己的勇敢和无私。我愿意相信他们在说出这些话的时候是真心真意的，但我同样相信，这里面有些人的勇敢和无私会永远停留在文字层面，而不是付诸行动。他们的说辞可以理解为对更美好的人格的向往，他们的食言则是各种生活压力下的“委曲求全”。但无论原因如何，“委曲求全”的结果只能是生命的虚伪和矫饰。

只有通过切实的行动，我们才可以当之无愧地宣称自己是哪种人。我相信每个人都有自己的缺点，但人最重要的分界线永远是“真与假”。所以才会有人说，宁可和真小人打交道，也要远离伪君子。

所以我在聆听亚妮讲述时会深刻地感觉到，父亲说出的“有始有终”这四个字，字字重若千钧，都压在亚妮的心上，成为她最大和最重要的动力。因为真与假，是人生最漫长、最艰难的战役，而她始终活在亲人热切的目光中。

“没眼人”是亚妮生命中一场美好的战役，幸好她没有败下阵来。

韩红：与生命和解的方式

一 颗 赤 子 心 胜 过 世 上 千 万 金

韩红，1971 年出生于西藏昌都。17 岁进入中国音乐学院学习声乐。1995 年，以一首自创曲目《喜马拉雅》获中央电视台音乐电视大赛铜奖第一名，从此声名鹊起，并逐渐成长为中国乐坛不可或缺的指标性人物。

大多数媒体将韩红评为难得的音乐天才，她对音乐有一种近乎宗教般的虔诚，能够几天不与外界交流，独自安静地与音乐相处；她也能不计成本，一次次将作品推翻重来，只为了打磨出令自己满意的细节。

最初出现在公众视野中的韩红，给人以泼辣直爽的印象，却也常常因此遭到旁人的误解。但随着时间的推移，韩红原本颇具锋芒的性格开始慢慢变得平和，也慢慢摸索出一套属于自己的与生命和解的方式。

十年如一日的公益事业，让她找到了生活在音乐之外的现实意义。通过帮助别人，韩红也在完善和重塑自我。从汶川地震开始，到青海玉树地震、甘肃舟曲泥石流灾害、云南盈江地震，几乎每一次重大灾害的救援中人们都能看见韩红的身影。而经过十多年公益活动的历练，韩红也有了自己的心得体会，努力改善公益活动的开展模式。2016年韩红慈善基金会透明指数达到满分，在全国5000多家慈善基金会中位列第一。10年来，韩红收养资助的孤儿超过两百个，而由她倡导的“百人援助系列公益行动”至今已经走过了七个年头。

“好人、好曲、好韩红”，这是著名作曲家谭盾对韩红的评价。韩红是否是音乐天才，又因何改变了自己对生命的态度，恐怕是很多人感到好奇的问题。

我在音乐面前不用造作

毕啸南：很多人对你性格的理解是大大咧咧，甚至有点儿糙，但是你的歌却给人很细腻、饱满的感觉。你自己怎么理解这种音乐风格，它符合你的性格吗?

韩红：在生活中，我跟音乐相处的时间多一些，跟人相处的时间少一些。我更喜欢自己跟音乐相处的时光，我觉得我很懂音乐，音乐也很懂我，你在它面前不用伪装。我觉得我跟音乐相处有一种非常自然、浑然一体的状态，所以我喜欢唱歌，喜欢和音乐、乐器在一起，喜欢待在录音棚里工作。

我以前经常说的一句话是：如果你想真的了解我，那么就请你打开我的唱片。我的每一首歌都是我对我自己和其他所有人说的话，包括我唱的一些主流红色歌曲。从我一开始出道，就一直有人误认为我是主旋律歌手，实际上我不是，但我的内心深处有对这个国家的赤诚和热爱，有我对我的民族藏族的热爱。在音乐中，只有我认为值得歌颂的人或事，我才会去唱。比如我唱的《祖国不会忘记》《多情的土地》《绒花》《山知道我江河知道我》这样的歌曲。

这是因为，我觉得歌曲中那个时代的人值得我歌颂。当然，现在这个时代也有值得歌颂的人和事，但我其实不是一个随便就可以唱赞歌的人。

毕啸南：很多人对你的第一印象是歌手，但其实在业界，许多人都知道你的作曲能力很强。这种能力在你看来是天赋，还是因为后天系统的学习和培养?

韩红：首先，我从来没有学过作曲。对我来说，所谓的系统学习是指我在音乐学院学习声乐的那段时间。如果说正规地接触音乐，那么我只接触过歌剧声乐，其他的没有。我觉得我的创作应该百分之百都源于一种天赋和自然。虽然这么回答可能会显得我很骄傲，这也是一些人不喜欢我的地方，但是如果整个世界充斥着 95% 的假话，那么那 5% 的真话反而会显得虚假。当然，他人的这些理解对我来说完全无所谓。

我从 4 岁开始唱歌，只有这件事情让我特别高兴，到现在我什么乐器都没有专门学过，但是上手就会，没法解释。我小时候唱得不好，但我经常在院子里自己给自己开演唱会。我记得我会唱的第一首歌是《卖花姑娘》，我奶奶给我弄了一个破筐子，挎在手上到院里唱。我住的是一个小四合院，一共就那么几家人，大家也都已经习惯了。我觉得唱歌对我来说是一个特别简单的事情，也很快乐。

有一次我录节目，汪涵坐在我对面。因为还在调光，我就在那儿弹钢琴，弹着玩，即兴就唱出来：在我的生命里出现了一个你，在我最悲痛的时候，你陪在我身旁。汪涵，我的朋友，你在我生命中绽放；汪涵，我的亲人，你在我生命中善良如一条河，如一座山、一朵莲花。

2016 年做慈善的时候，汪涵给了我 300 万元，他是真的要帮助我。我的即兴创作源于我真的被打动，而且我写的东西特别完整，不需要修改。我想这可能就是人们说的天赋吧。

我奶奶是最早发现我有这方面天赋的人。我 3 岁左右，她教我学习数字 1、2、3，写在纸上教我念 1。我看看她，说，哆。在这以前，我从来没有学过音乐。我到现在（都）不识谱，但是我写出来的和声是规范的，是全世界搞音乐的人都认识的，不知道怎么解释。1986 年（我）买第一把吉他回来，看着书一弹就对，但我后来没有学吉他。

从某种角度讲，我想坚持我这种自然的东西，我害怕如果学了作曲、学了乐器就会怎么样。我有个教我指挥的师父，他也特别头疼，不知道该怎么教我。他给我的微信写得很长，说真的不知道该怎么去教一个天才的小孩，但是他能看出来，如果下功夫，我在指挥和作曲方面会成为一个大师。十几年前他买了一根指挥棒，红色的、非常纤细，因为太漂亮一直没舍得用。直到我拜师那天，跪在地上给他请茶，他拿出这个东西，我当时就哭了。他说我真没想到我攒了十几年的指挥棒最终给了你，而且你还叫韩红。指挥棒是红色的，他在上面签了字：好曲好人好韩红。我的师父是谭盾。

毕啸南：现在的中国音乐市场，一方面出现了很多歌手和新歌，但另一方面给人的感觉是能够成为经典的歌曲少了。

韩红：这是必然的。人心那么浮躁，哪里来的作品？现在连艺人、演员都是什么公司的股东，动不动就套现多少个亿。但我不信这样的人能演好戏、唱好歌。

也有人看好我，请我去上市公司做个CEO什么的。但想到要做那么多和公司有关的工作，我就觉得不行要撤，因为我还想让我的音符在我的体内多待一点儿时间。我老觉得，数钱是数1、2、3，而我的世界是由哆来咪构成的，这种差异我没办法平衡。我一直坚信，艺术家如果想别的想多了，艺术就离你远了。

毕啸南：在音乐这个世界里面你遇到过什么问题吗?

韩红：我在音乐上没有什么问题，我相信一切东西只要是自然的——像呼吸和吃饭一样自然——就不会太差。许多事一琢磨就不自然了。了解我的人都知道我的音乐可能有 40% 是在马桶上坐着写的，就是写着玩。

毕啸南：你在说这些话的时候我也在自我反思。对于主持人来说，如果提问是精心设计出来的，无论考虑得多么周全，其实它都可能不自然。可是如果是发自内心，哪怕是一个很不礼貌的问题，也都会很自然。是不是自然，是不是真，是事物根本性的分水岭。

韩红：我不用憋歌。当然我有时候会懒散。大家熟悉的《天亮了》，我用了两个小时，词和曲一起写的。我前两天刚写了一首歌叫《朝圣之心》，花了一个晚上就写完了。我想表达的是，许多人看朝圣的人，只看到其比较庄重神圣的一面，却忽略了其内心的喜悦和快乐。其实他每匍匐一次，心里都是那么快乐。因为他知道，他朝着要去的方向又前进了一步。大家只看到他们的虔诚、可怜、风餐露宿，身上全是泥土，（但）朝圣的人特别简单，生命一带而过，信仰一带而过，坚持一带而过，每天只做一件事儿，就是念经。

我写完这个歌去看了电影《冈仁波齐》，我觉得这部电影把我想要说的都表现出来了，包括葬礼那一段。我姥姥葬礼的时候就是在天蒙蒙亮的凌晨 3 点半，用白色的哈达绑住她的身体，家人把她扛到大昭寺门前转一圈，然后就去了附近的一个寺庙举行葬礼。

毕啸南：一般人的成功背后，除了固有的天赋和幸运，往往还有很多意想不到的付出，可是你好像没有。

韩红：天天唱歌，算付出吗？

毕啸南：算，这是专注。

我最大的改变是不再试图解释

毕啸南：之前我们聊的时候，你说今天的你和两三年前的你已经很不一样。这种不一样具体是指什么？是指你面对外界声音时的心态吗？

韩红：我觉得，当一个人面对外界的指责还在试图辩解、努力征服、尽力维护的时候——

毕啸南：他并不强大？

韩红：他还没长大，我不用"强大"这两个字。我就说他还是孩子，因为只有孩子才会这样，在乎自己的外表，在乎别人对你的评价，因为做了一些好事，付出了自己的青春年华，就希望得到一个公平的评价。

毕啸南：所以你现在不会再去解释你的遭遇和对你的误读。

韩红：我连微博都关了。以前我觉得微博可能是唯一能够让我站出来和大家沟通，说一些真话、说一些实话，把自己最真实的想法公布于众的平台。

那我现在为什么关了它？因为我觉得那些解释性的语言太多余了，一个 40 多岁的人不能再原谅自己的冲动。二十几岁时你还可以把一切冲动和傲慢的态度归咎于年轻，现在我没有理由再那样，必须学会自己理解自己、控制自己，而且这种控制带来的不是压抑，而是喜悦。

毕啸南：这是一种修养？

韩红：我认为社会公众所认知的修养应该是能持续带在身上的，

不管是在社会上还是在家里，它应该是一个人固有的品行。我父亲是满人，我的母亲是藏族人，在我还是小孩子的时候，我的奶奶就时常给我讲这些，童真要建立在教养的基础上。我现在所体现出来的这些教养，首先要感谢我的奶奶。但我骨子里是一个有锋芒的人，只是对外而言收敛了起来，我是个有争议的人。

毕啸南：你有没有想过，如果不收敛会怎样?

韩红：不。我说的教养其实就包括了要能承受一些委屈和不公平。到今天我已经得到了很多的幸运，得到了很多人的认可和帮助，那些不喜欢或是对我的谩骂，也都是在给我的生命赋予不同的色彩。我现在拥有很多成绩，有一些超过别人的小才艺——你看我连才华都不用，我说话很谨小慎微的。我之前和你说的改变，不是因为我在这期间又受到了什么打击或什么不公平的对待，而是我自己对事情的反应不一样了。以前我会觉得特别委屈，会觉得愤怒，现在年纪大了，从内心真的接受了这一切，懂事了。

毕啸南：可能所有的公众人物都要经历这一遭。然而经历之后，做出什么样的反应，得出什么样的结论，则因人而异。我觉得你能够像你说的那样去看问题，很重要的一点可能是你对自己的看法有了变化。

一个人为什么会感到委屈？往往是认为自己没有得到应有的对待，觉得不公平。但这种公平是很难要求的。为什么呢？因为你在要求其他人按照你的设想去行动，而这是一种奢望。社会是高度复杂的，人性是高度复杂的。“委屈”这种情绪往往说明一个人还不够成熟，理性还不够，还没有看到文明的大图景，同时也是把自己看得太重。

韩红：所以在“得到”和“失去”的天平上，我还是觉得我得到的东西远比那些委屈、谩骂要多得多、珍贵得多。我得到了话语权，我已经是有10年资历的全国政协委员，每年都有机会写提案，向政府，甚至向总书记、总理提出建议；我也曾为孩子们做了一些事情，全国婴儿出生指纹联网就是我的提案。我觉得我不枉这10年，这就是幸运之一。

我还可以做慈善，由于我的歌声，人们愿意信任我，又因为我的歌声，人们开始信任我，一做就是十几年。到2017年为止，我做慈善加起来有11年时间，百人系列我会先做10年，从我40岁做到50岁。我想不是所有的人想做慈善就能做的，然而我可以，岂不是幸运？

还有我喜欢唱歌，而我的歌声大家还都不反感，唱歌改变了我的生活，提高了我的生活质量，让我的家人过得比从前好，这当然也是幸运嘛！

面对这些上天和他人给予我的幸运，我为什么不可以受一点儿委屈？

毕啸南：这个转变的关键点出现在哪里？

韩红：2015 年 3 月 8 日，我的奶奶离开了这个世界。她走了，留下我要自己来思考和面对人生。她的离去真正给了我一段思考人生下半场怎么走的时间。

奶奶是我生命中最重要的人，虽然后来我也从书籍里获取了很多知识。但是她把“信仰”这两个字写进了我的身体里。这一点我很少对媒体说，我也不想让更多的人知道这些。

真实的自己究竟是什么？我不怕别人知道我在想什么，一点儿都不在乎。我所有的一切都是通透的，都是开放的，全身上下通体发亮，没有隐瞒。而且我还有一级主持人的证书，不怕采访。

但是我还是特别感激你。你是一个优秀的新闻工作者，你能考虑到对方的感受，并且提前跟对方摸底，让人家放心，这一点以后我会学习。但是话说回来，我的内心深处不是特别喜欢讲话。我出现在一些电视节目里，有的人说我喜欢韩红，她很真诚幽默；有的人说我讨厌韩红，她很霸道，喜欢拆穿别人。但不管是褒是贬，我觉得都没问题。

但我不想做专访，因为我不想让别人知道我是什么样子，我怕他们知道了会爱上我，哈哈。如果大部分人认为我是那种高高在上、颐指气使的人，那也很好，继续这样认为就好了。

毕啸南：我觉得你是小朋友，对吧？一个很简单的小孩。但你给人的霸气印象是怎么产生的？有没有一种可能，是你一直沉浸在自己的思维和情绪当中？这恐怕是许多艺术家都会面临的问题，不大去在乎周围人的感受。这样的人一出场，你会觉得他 / 她罩着一层壳，看不透。而我们对于未知的东西，往往会加进很多想象的成分。

韩红：我没觉得你说错了，你说得对，我是个艺术家。艺术家可能跟其他人真的不太相同，我的内心世界里其实一直住着一个小孩。

如果把今天的我比喻为一个 5 岁的小孩，那从前的我就是 1 岁。1 岁的孩子他不得哭吗？他不得觉得我把心都给了你，你不能伤害我啊！到现在我才知道，其实朋友之间的诋毁、伤害、忌妒等诸多的词汇，归根结底都是“贪婪”二字，都归到欲望这条路上。

我以前并不知道自己具备艺术家的气质。我一直以为自己就是一个写歌、唱歌的小孩，后来红了，被人称作明星。其实是别人发现我是个艺术家，有天才，我自己不知道。所以有些问题，我不是不愿意回答，而是无从回答。我甚至不知道我自己是怎么走到今天这样的，真的。

我不做公益，谁来做？

毕啸南：说说公益吧。

韩红：最早的时候应该是在 2006 年，去参加倪萍组织的母亲水窖，然后就这儿捐 10 万那儿捐 10 万，但是没有成气候。真止注定让我要坚持做这个事，是 2008 年的汶川地震。因为只有 5 个人，当时人们称我的团队是五虎将。也不敢去太多的人，因为有生命危险。我们是坐直升机到的汶川，然后又坐竹筏到映秀镇参与救援。经过五进五出汶川，我们的队伍增加到二十几人。

毕啸南：进去以后刺激到你了？

韩红：我到的第一个受灾点是什邡小学，走进去看见一条孩子的腿搭在已经坍塌的墙上，当时整个人就崩溃了，这是汶川地震给我的第一印象。后来我一直跟四川的消防战士一起，干了很多自己都觉得挺了不起的事情，包括清理尸体等。我现在非常不想回想这段时间，当时回来后我接受了两三个月的心理辅导。就不往下说了。简单来说就是2008年汶川给我造成了心灵的撞击，从此就开始做慈善，一直到现在。

毕啸南：你在公益中的关注点，比较特别的是儿童和老人这两个群体，为什么?

韩红：因为老人体现了我们中华民族道德的本分，尊老、赡养老人、帮助老人、让老人安度晚年；儿童则象征着这个国家的未来和希望，而我觉得自己没能拥有一个很好的童年。但今天已经获得了一定成功的我，没有什么必要聊这个话题。不能矫情得像个祥林嫂一样不断地讲自己童年的不幸。这世上可怜的人多着呢，很多人生活得不如现在的我，他们又能去对谁说?

我做慈善这么多年，感触最深的就是我们底层的老百姓能跟谁说？我就想，如果我不管，谁会来管？国家管吗？国家这么大，管得过来吗？这时候我们这些有点儿钱、有点儿号召力、有点儿名声的人就该干这个，没什么值得炫耀，也无须得到赞美。

毕啸南：这么多年从事公益事业，你最大的经验和教训是什么?

韩红：就是我要自己亲手拿着钱送给老百姓，不经过任何人转手，包括政府。因为钱是我们自己的，我们有权利支配它们。

还有就是我的韩红爱心慈善基金会要努力完善制度，让它更加科学化、更加有效，能够有的放矢地帮助别人，也能以符合捐赠人意愿的方式去帮扶每一个受困的人。

所以我想帮助孩子，我就到学校去；我想帮助地震灾区的老人，我就直接过去。我们在政府提出精准扶贫这个概念之前就已经这么做了。

再说到教训，就是我们不再进行大额单笔的捐赠，因为机构要从中分掉很多。原来我不懂，后来我自己成立了基金会，才知道原来一包方便面都是可以公示的，为什么有些机构不做？因为它们不干净，因此社会上对慈善机构有种种质疑也就不奇怪了。为什么 2016 年韩红慈善基金会的透明指数是全国第一名？为什么有些机构不敢公示？

啸南说

一颗赤子心胜过世上千金

我相信，如果没有这次专访，很多人都不会认识真正的韩红。不知道为什么，当我和韩红深聊之后，脑海中的第一反应就是迈克尔·杰克逊（Michael Jackson）的形象。当然，世人对于迈克尔·杰克逊至今有着不同的理解。而关于他的一些说法已经被证明是谣言，于我个人而言，我一直认为他是世界级的音乐天才，灵魂纯粹的代表性人物之一。

韩红给我的感觉也是如此。她充满音乐才华，也简单、干净、直接，尤其是十年如一日地做公益慈善，是我认识的做公益的明星朋友中，为数不多真正拿生命在付出的人，而不是为了作秀，或者是夹杂了太多复杂的东西在里面。当然，她的缺点也不少，主要是因为不会表达，用时髦的话说——情商低，说话横冲直撞。韩红仗着自己的真诚，因为种种原因得罪过不少人，也被很多人误解过。

但这些都是表面现象，当我近距离接触她以后，我发现韩红的不会表达绝对不是因为木讷、内向或是缺乏辞藻。就像我说的，她的灵魂还像是个小朋友，她的行为方式和思维逻辑似乎依然处在孩童阶段，而一个几岁孩子率性天然地哭哭笑笑是可以理解的。但是在成人的世界里，这或许很难行得通。所以韩红曾经选择对抗，随后慢慢通过音乐、通过爱、通过公益、通过在世间行走修行，逐渐柔软下来，最终达成与自己生命的和解，活成舒服自在的状态。

韩红是张越的老朋友，也是张越介绍给我认识的，她们的友谊是一段佳话。

这里说句题外话，友谊真是人生有趣的馈赠，我们的人生轨迹里，既有那些十年如一日，日积月累的深厚情谊；亦有一面之见，却惺惺相惜的缘分。张越跟我说，她和韩红有时候时常见面，有时候又隔很久才见面。有一次张越去韩红家做客，韩红突然兴起去创作曲子，张越坐着无聊悄悄离开，而韩红一直都没发现。这样的故事让我深深体会到这种友谊是多么美好，就像此刻窗外的秋阳和树叶，金色的余晖抹在油亮的叶片上，静静地闪耀，仿佛随时可以滑走。

韩红跟我说她根本不喜欢接受采访，因为说得太多了，就没劲儿了。一个人的精力、体力总共就那么多，不如把它们积攒在自己的身体里，多做一些创作，或者一些更有意义的事情。她说自己这几年变化特别大，尤其是奶奶去世后的 3 年，她看透了人生无常，习惯了不解释，更不在乎外界的评语。她不喜欢出门，也不喜欢热闹，和很多人想象的风风火火的大腕儿形象相去甚远。

在正式录制节目之前，我和韩红用微信聊了整整一个上午。在随后的采访里，她也是太真诚了，将很多事情对我全盘托出，我惊讶于此，但也不得不替她做一些保留。

听着韩红的故事，我一直在想，认识那么多人，有多少人能够像她十年如一日认真努力地做公益，默默资助那么多孩子？韩红当然是有缺陷的，但是谁无缺陷呢？如果追求上头条、点击率、收视率，韩红这次专访中有很多这样的素材，但是我都剪掉了，那不是我采访她的目的。

韩红说："现在我已经不在乎了，以前觉得委屈，为什么我把最好吃的糖给你了，你却要责怪我呢？但现在我不会了，因为我发现我已经拥有了太多，有自己喜爱的音乐、有从事慈善的机会、有明星的话语权……我不再是弱者，应该开始感谢，并为社会做出我的贡献。"

其实无论活成什么样子，达官显贵还是平平淡淡，我们的生活终究都是一体两面的，没有一味的好，也没有一味的坏。我想，大家不妨向韩红学习，学习珍惜自己的天赋，面对自己的遗憾，接受自己的残缺，走上自己的道路，让生活成为与自己和解的过程。

我们常说童言无忌，我们也相信戳破皇帝新衣的谎言的那个人必须是个孩子，孩子的敢言敢行，反衬出成年人的畏首畏尾和世故圆滑。然而世故的成年人却很少追问，世故是必要的吗？

《孟子·离娄下》说："大人者，不失其赤子之心者也。"这里的"赤子"指的是小孩子，"大人"指的是伟大的人。我们虽然未必都能成为伟大的人，但若能够常怀赤子之心，则可以像现在的韩红一样多一份自在和从容。

但赤子之心往往不能指望天然的成就，更要依靠后天的反思和觉悟。大家是否还记得，韩红在采访中说：

她（奶奶）走了，留下我要自己来思考和面对人生。

她的离去真正给了我一段思考人生下半场怎么走的时间。

这句话背后藏着一个巨大的真相——我们每个人都需要独自面对人生，我们都免不了要和生死交手，要在生死的大背景下诠释日常生活的意义。之前所说的“与生命和解”正是因为转换了人生的舞台，把自己放到更开阔、更辽远的地方，原来看似矛盾的、不相容的、无法接受的事物，一下子变小，变得有空间和方法去妥善处置。

在这个意义上，赤子之心不仅是一种性格和行为方式，更是一种超凡的智慧。

万方：灵魂需要真实表达

每个人的生活都会因为失去真实与自由而失败

万方，1952年出生于北京，16岁去东北插队，开始尝试文学创作。20世纪80年代初，万方以小说《杀人》引起文坛瞩目，随后进入自己的创作高峰期。20世纪90年代中期，由她编剧的电视连续剧《空镜子》轰动一时，万方也由此从幕后走到了台前。

身为著名剧作家曹禺的女儿，万方长久以来没有涉足话剧创作，其中的原因一部分源自她对父亲剧作的高山仰止，另一部分也源于万方自己对戏剧创作的敬畏。直到54岁时，由万方任编剧的第一部话剧《有一种毒药》才由北京人民艺术剧院搬上舞台。尔后，她佳作频出，《冬之旅》《报警者》《新原野》都受到了普遍好评。

在长期的创作过程中，万方对自己笔下女性命运的起伏跌宕感同身受，对生命和情感万方有着更为深刻的见解。在《女人心事》的序言中，万方写道：“女人一生最黑暗和最耀眼的，都是婚姻和爱情。爱情是人类最美好的情感。”这是万方长久以来的思索，也是父亲曹禺的三段婚姻生活带给她的启示。

身为从小接受家庭熏陶的文艺创作者，万方深切感受到了时代的变化，但她相信艺术创作的原理并未改变，恐怕也不需要改变。

父亲给我压力也给我动力

毕啸南：您怎么看待曹禺的女儿这个身份?

万方：曹禺女儿这个身份确实经常会被人提到，尤其是前些年我写的电视剧《空镜子》播出的时候，采访或者是朋友间（说起）都会说“这是曹禺的女儿”。我经常被问到的一个问题就是，作为曹禺的女儿，我觉得有压力吗？我很本能地回答说没有。父亲就是父亲，作为女儿，我没有觉得他是一个了不得的人，著名的剧作家，他是一个非常善于像朋友一样和孩子相处的爸爸。2006

年，我的第一部话剧《有一种毒药》在首都剧场演出。因为觉得这对我来说是件大事，那天去剧场的路上，我就跟爸爸说："爸爸，我的戏要在首都剧场演出了。"这时候我忽然心里一动，我想，看来作为曹禺的女儿，这么多年来我其实是有压力的。这个压力是什么？实际上就是他的那几部作品，一直压在我头上，让我不敢写戏，不敢写话剧。就是觉得自己写出来的东西也许达不到他的高度。

但是总体来说，我觉得作为曹禺的女儿，我是非常幸运的。因为我从他身上遗传了一种性情，或者说是素质，就是敏感。作为一个搞创作的人，敏感是非常珍贵的一种素质。因为你要写人，你要塑造人物，你就需要有一种感同身受的本领。当然，同时你还要能跳出来，否则也没法写了。

毕啸南：从你的角度来讲，曹禺是什么样的人？

万方：爸爸是一个特别复杂的人，用一句话说，我觉得他就是一团感情。他是一个感性动物，对于这个世界、对于周围的一切、对于他自己的经历，他都以感情来面对。他不是一个战士。他有思想，但他不是思想家，也不是哲学家，他就是一个艺术家，一个写作的人。

我觉得他的性格其实是比较懦弱的。他很小的时候，十来岁的样子，那时候我爷爷在通化当镇守使，军营里经常有军号声，听到后他会非常难过，甚至流泪。我爷爷就问他，你这么小的孩子，哪来那么多哀伤？我想这是他的一种天性。我说他懦弱是指，面对痛苦的事情，有的人会睁大眼睛迎上去，而我父亲，他面对痛苦的时候，会低下头、闭上眼睛。他不是那种遇到不公正的事情会站出来争辩、抗争的人。我觉得他的勇敢都在他的作品里了，他把一切情感都倾注在自己的作品里，他是用作品说话的人。

如果说他的性格有一个最大的特点，我觉得是真诚。如果允许自由表达，我觉得他的喜怒哀乐一分钟都不会多停留在心里，都会立刻像地下的泉水一样喷出来。

在某种程度上，我觉得他是一个悲剧。他在23岁就写出了《雷雨》，他的《雷雨》《日出》《原野》《北京人》都是经典，但太少了，应该有更多的，我觉得这对他来说也是很大的遗憾。

他这一代文人或者说知识分子，都有一些共同的经历、共同的苦难，很多人都和他一样，像沈从文，后来也改行去研究古代服饰了。你说后来他心里有没有话想说？我想肯定有。但如果不能真实地表达，我觉得他可能就觉得那干脆就不表达，或者说也不会表达了。

这一点我今天也有同样的体会，作为一个精神领域的创作者，在我需要创造力的时候，如果不能够自由地表达，可能我就要失去创作的能力。

毕啸南：说到家庭，作为文化意义上的家庭单元，应该发挥什么样的功能？

万方：家庭是非常重要的，因为人在家庭环境中才是最真实的自己。每个人在社会上，可能会戴上面具，可能会扮演角色，但不可能永远戴着一个假面具。而在家庭里，配偶或者子女是你最亲密的人，要维持最长时间的关系，所以会展现最真实的自己。反过来说，每一个人在家庭中所获得的或者受到的影响，应该说是最大的。

我父亲那一代人，他（们）的家庭有一种压抑苦闷的气氛，我小时候也类似。正是我父亲在“文化大革命”中被打倒，我们学校附近北京人艺的一个仓库墙上贴满了大字报，我们家的门上也贴满了打倒我父亲的大字报。有人会到家里来抄家，把柜子贴满封条，这些对我来说都是很痛苦的回忆。但是我后来经常会想，痛苦对于一个人的意义是什么呢？我的答案是，思索（痛苦）会让人更有智慧。

毕啸南: 是不是因为当人快乐的时候，他不会去想，因为反正快乐。但是他痛苦的时候，就一定要找到它的原因？

万方：对。人为什么痛苦？痛苦从哪里来？这些问题会让人改变自己，或者改变使他痛苦的环境，于是人就有了追求，有了奋斗的力量。所以痛苦的记忆，我觉得不完全是坏事，甚至更放大一些，我觉得对于一个民族也不见得完全是坏事情。

毕啸南：这是一个批判性的肯定。

万方：是。其实我的《冬之旅》写的就是我们要不要忏悔，我们要不要宽恕，我们能不能忏悔，我们能不能宽恕。

毕啸南：除了时代环境的变化，你和曹禺最大的差异性在哪里？比如说性别的差异，创作视角的差异，语言风格的差异，你有没有做过一些比较？

万方：我们的创作视角确实不同。人们经常会问我，作为一个女性，你的写作是不是更关注女性？我想这是一种自然，因为对每一个人来说，性别都是一个很重大的差异——让你的思维方式、生活方式、行为方式不一样——但我也有一个意识，就是不要被我的性别所束缚。

毕啸南：你最喜欢自己的哪部作品？

万方：应该是我的小说《杀人》，那是我写作的一个转折。我的那篇小说写的是一对农村婆媳，虽然我在农村插过两年队，但还是离我自己的生活比较远，写起来很困难，越写越灰心。

爸爸曾经说过创作要眼高手低。一般来说这是个贬义词，但他说写作的人就是要眼高手低，因为你不可能一上来手就很高，但你应该眼高，眼高就是知道什么是好的，你要达到什么水平，往哪儿走。那时候我知道我虽然手低，但是眼还可以。我看着自己写出来的一段一段，心想我要是只能写成这样，那真没什么意思。然后有一天忽然写出了一段，一下让我眼睛一亮。我心想这感觉对了，就从那一刻往后，我觉得我上了一级台阶。

毕啸南：这种创作上的顿悟，有理由吗?

万方：没。你想不出理由。它实际上是一种积累，忽然从量变到质变。那个小说写出来之后，被《收获》发表了。那时候我爸住在医院里，我就把那一期刊物留给他看。第二天他一见我进门，眼睛就亮了，就叫我："小方子，你快来。"我走过去，他一把抓住我的手说："你写的小说我看了，你真行，你真能写。"这件事我现在想起来都特别高兴，那时候我觉得我能吃写作这碗饭了。

毕啸南：戏剧是什么？戏剧的力量在哪里？

万方：如果让我排序，我觉得诗人是最高的，诗人是上帝的手点到你头上，说你是诗人，你就是诗人了；第二是戏剧，因为它是在限制中做文章，有时间的限制，有空间的限制，所以它更难；第三是小说和影视，当然电影也有很棒的；电视则更多的是一个娱乐产品。在今天，实际上在北京这样的一线城市里，戏剧的观众不是在减少，而是在增多。但即便如此，戏剧还是小众的，跟动不动票房就几亿的电影是没法比的。

但我恰恰认为这种小众是戏剧的优势，因为艺术最重要的特性就是个体表达。前些天有一部话剧《4:48 精神崩溃》，是一个英国女剧作家写的。她写的是精神崩溃的过程，那是非常极致的一种感受，但是我认为这种个体的感受代表了所有人，因为人类就是由每一个个体所构成的。戏剧不像电影，因为是人现场表演，顶多一天两场，所以它的受众有限。但它可以和这一部分人进行独特的、更个人的沟通。

戏剧的意义应该是尽可能生动、深刻地展现人性，描摹我们生存的困境。至于有没有答案，我觉得这要交给观众。

但是现在也确实面临着一个情况，就是缺乏好的剧本。这可能是因为戏剧总体来说不大赚钱，特别是严肃戏剧，你如果想靠它来赚钱，那是不可能的。但人都想生活得更好一点儿，获得更多的物质，我曾经写过影视剧，实际上也是为了这个目的。但总的来说，人还是要做自己真心喜欢的事情，这样的人是最幸福的。但是我一点儿也不反对，大家先去挣钱，先吃饱饭，再回来创造。

如果说年轻人想要走这条路，那就需要有一颗耐得住寂寞的心。大红大紫不会那么容易、那么快。再有，戏剧是很吃功夫的——尤其（是）作为编剧，所以要不断（地）学习。首先是可以看好的作品和演出；再有就是向生活学习，学会体验和体味人生，自己和别人的人生。一个以自我为中心的人，很难成为一个好编剧。

大师的年代

毕啸南：你父亲和巴金是好朋友吧？

万方：巴金本名叫李芾甘，所以我都叫他李伯伯。爸爸跟他是一生的朋友。当年他（指曹禺）的《雷雨》写完之后，把剧本给了他在南开中学和巴金一起办《文学季刊》的好朋友。这位朋友可能是忘记了，直到一年后巴金在抽屉里看到《雷雨》的剧本，读后感动得泪流满面，并决定立刻发表出来。后来《收获》发过一篇他们两个老人各自在医院的通信，我读了很感动。我记得作家方方当时还给我发来一条短信，说她读了那些信非常感动，说那就是友谊的样子。

我爸住院赶上过节，正好那时候巴金也在住院，两个人就各自在医院的电话间里通话。结果两个人还都听不清，在电话间里大嚷："我要去看你！你什么时候来？"

我觉得他们那一代人的生命，是很有分量的，今天的人变轻了，包括我自己。这背后的原因很多。社会在变，包括互联网带来的巨大便利，令我们的生活变得那么方便，甚至过于方便。但同时也让我们失去了一些东西，比如思念，我们现在很少像以前的人那样去思念另一个人了。而这种思念实际上缔造了很多伟大的作品，尤其是一些诗歌，都是从这种思念中生发出来的。

毕啸南：为什么你父亲那个时代会涌现出许多大师级的人物?

万方：我爷爷是一个军阀，而且是一个大烟鬼，我父亲的哥哥也抽大烟。《北京人》里边有一段父亲给儿子下跪，求他别再抽大烟（的情节），原型其实就是我爷爷给他儿子下跪，他自己抽没事儿，但是儿子抽他受不了。爸爸从幼年到少年，一直就在这种很压抑的环境中长大，非常寂寞，然后他希望能亲手改变这个世界。我觉得他们那一代人都有这样的希望，都怀着这个希望，尽每个人不同的努力，对爸爸来说就是写作。而且他可以自由地表达——当然也不是绝对自由，《日出》当时也被禁演过，国民党也来抄过家，但毕竟让他写出来了。我觉得民国时期是混乱的，三教九流各种各样的人都有自己的空间，都在自己的空间里施展拳脚。这种混乱实际上也是一种生机。

毕啸南：你说的是自由对于知识分子的意义。这种自由的关键在于多元，就是要允许不同的内容共生。所以会有人说，宽容是自由的前提。不过有些时候，人们会把多元化的状况理解为一种无序，就是你说的混乱——当然，我知道你不是在负面意义上使用这个词。

社会学的研究早已证实，复杂社会才能涌现创新，如果是人为制作出来的，怎么能叫创新呢？水至清则无鱼，道理简单，关键看你怎么看，你是要一池清水，还是想要鱼？

万方：自由对于所有的人都是最重要的。我不能设想我是没有自由的。当然这个“自由”是相对的，一种是身体的“自由”，一种是心灵的“自由”。心灵的“自由”特别对于知识分子来说，是他（的）思想和创造力的前提。

爱情是生命中最美好的情感

毕啸南：接下来的创作计划是什么?

万方：我想写我的爸爸和妈妈。实际上想了很多年，但是我一直不能写。因为我父亲有三段婚姻，（与）我母亲（的婚姻）是他的第二段。他跟我母亲相爱的时候，实际上他还在第一段婚姻之中，所以对我来说，过去一直有一种很难描述的心理障碍。

我需要把自己真正说通，这样我就能写了。我觉得（我）正在慢慢地跟自己握手。我一直觉得自己是非常开放的，关于婚姻、爱情或者是两性关系，但是一旦涉及自己，（我）还是没有办法。这让我意识到我还是一个中国女人，被一些东西束缚住，这个我真是没想到。

毕啸南：从文学的角度来看，只要发乎于真情，就是美好的，但是在现实生活中可能就不是这么简单了。

万方：你这个问题很复杂，这甚至牵扯我们为什么要活着。看起来我们活着有很多意义，要承担责任，要享受生活，要爱，要被爱，要生孩子……但是我觉得最重要的是我们要做好自己。就说婚姻吧，当两个人已经没有爱，对于像我父亲这样敏感的人，可能婚姻就会成为一个枷锁，维持下去是一种痛苦。

毕啸南：对方也痛苦。

万方: 是的，对方也不会愉快，也不会幸福。不光是我父亲，很多人，包括鲁迅，都是这样。所以我觉得还是做好自己，真诚地对待自己。说到伤害，什么是伤害呢？我觉得这个词不要跟道德绑在一起。

爸爸的三段婚姻都是真爱。第一段婚姻结束我觉得是因为性格不合，其实结婚前他的朋友，包括吴祖光等人，都在劝他。可他还是要结这个婚，因为他觉得他有责任，但是最终还是分开了。

第二段婚姻是他跟妈妈，我觉得他是一见钟情。到“文化大革命”，因为爸爸被“打倒”，我慢慢意识到，妈妈因此变得很痛苦和绝望。后来我读到了当年爸爸写给妈妈的信，信纸写得密密麻麻，像是爬满了小蚂蚁。看了这些信，我特别为妈妈觉得幸福，因为她这一辈子享受到了那样的爱情。

妈妈是 1974 年去世的，爸爸的第三段婚姻是 6 年以后了。

我的继母——我也叫她妈妈——我觉得他们俩的婚姻也非常好，他们俩真的是无话不谈，虽然我不知道他们都谈些什么。他们对彼此的坦诚，在夫妻间非常难得。

我从爸爸的这三段婚姻里得出了一个感受，就是爱情这个东西，不管它多长，不管它多短，确实是人一生中所能经历的最好的情感。能够经历和感受爱情的人是很幸运的。

毕啸南：你个人呢?

万方：我当然也尝到了。

毕啸南：我觉得最后这句特别完美。

啸南说

每个人的生活都会因为不自由而失败

在说我和万方老师的渊源前，我先说说另一位女性作家——方方。2017 年 5 月，我经朋友介绍，约了方方老师做《女性领袖人物》专访嘉宾。6 月，在天津大剧院，钱程院长约方方老师北上看纪念史铁生的戏，方方老师考虑我节目录制方便，也是替我省钱，特意打电话来告知，说如有需要可以来趟北京。后来因故未能成行，我心中依然非常感谢。回想起亚妮也是如此，自己掏腰包买机票来北京录的节目，早上来下午回，特此一表。

方方——万方，名字就差一个字，这真有趣、有缘分。作为戏剧大师的女儿，万方的成长之路并不平凡，说不平凡，既有名门之后带来的虚名，也有日积月累、耳濡目染的真才实学，更有“文化大革命”时期，目睹的残酷与荒唐……这些话题，专访的时候都录到了，虽然没有在节目里播放，但记录下来总有一天会有人想要了解，需要使用。

我和万方老师结缘很早，2012 年还在传媒大学念博士时，歪打正着因为一部话剧获得了金狮奖，便被安排和童道明、万方、徐峥、小陶虹、靳东等人一起走红毯，算是初次认识。时隔七年之后，我在央华文化公司王可然的引荐下和万方老师一起做节目，最初我以为万方会是那种“又红又专”的老艺术家，可万万没想到，万方的真实表达，她思想的自由度，都远远超乎了我的想象。

“真实”——这两个字难吗？岂止是难！

穷尽这一生，一个人能做的无非是尽力让自己变得真实。而知识分子的真实则更难，因为知识有时候会成为矫饰的花环。所以当万方谈曹禺的懦弱与真诚，谈她对婚姻情感的态度，谈她父母的婚外情，谈“文化大革命”，谈艺术的本质，谈真实与自由……这些说出来好像理所当然的事情，背后却需要讲述人极大的智慧和勇气。这期节目的标题“灵魂需要真实表达”，也是在反复斟酌后确定下来的，我希望能够借此呼唤一些东西。

相比其他嘉宾，万方老师的专访稍显沉重。万方谈及她父亲曹禺及那一代知识分子时表示，那一代文化人和知识分子，都有一些共同的经历、共同的境遇或者说共同的困境、共同的苦难，很多人都和曹禺是一样的——包括他的同学钱锺书——改变了自己的选择。曹禺的心里肯定还有话想说，但是他能说多少，该怎样说？尤其是对于剧作家曹禺来说，真实的表达和表达的真实是两个他必须考虑的问题，更关系到他的创作能力。一个人可以戴着面具面对邻居，但是却很难戴着面具面对镜子。

万方老师对于苦难的理解，以及对于真实的、美好的人性的追求，让我记忆深刻。父亲曹禺被打倒时，万方学校附近的人民艺术剧院仓库和她自家门前贴满了批判曹禺的大字报，还有前来抄家的人，在屋里贴满封条，这些都是她痛苦的回忆。

这些痛苦对于一个人的意义究竟是什么？

万方给出了她的答案：痛苦让你思索。如果一个人快乐，那么他不需要去思考为什么我这么快乐，他的主要精力会用在享受这份快乐上。但是当一个人痛苦时，他一定要找出痛苦的原因，因为要解决这个问题，防止痛苦再次袭来。至少他会问，为什么我会感到痛苦？痛苦从哪里来？以此为新的出发点，人就会尝试改变造成他痛苦的环境，或者选择逃离当下的环境，去一个新的地方。

所以万方说，回头来看，她个人的经历并非全是坏事。甚至放大一些，痛苦的经历对于一个民族和国家来说也不尽然是坏事，关键是如何面对痛苦的记忆，如何选择下一步的行动。

我记得特别清楚，录制完节目我送万方老师下楼，正好是傍晚五六点的样子，盛夏的北京到了晚上还很温暖，斜阳穿过几株柳树的间隙，斑驳地落在我和万方老师身上，我们轻轻拥抱告别，万方老师忽然说："跟你聊聊，心里觉得宽慰了许多。"

不知道万方老师是否还记得当天她留给我的这句话，已经成为一位年轻知识分子心上的一份承担。

我想，万方对自由表达的执着，不仅对她这样的作家有意义，而且是对所有人都适用的一剂良药。用心的读者或许已经感觉到，这期专访有一个潜在的主题，那就是生活与自由的关系。艺术创作需要自由表达，而自由表达需要创作者对生活有充分的体验，同时也需要创作者享有充分表达的权利，这是最直白的逻辑。

借由电视节目《见字如面》，很多人读到了《黄永玉写给曹禺的一封信》，信中有一段话给人留下了深刻印象：

你是我极尊敬的前辈，所以我对你要严！我不喜欢你解放后的戏。一个也不喜欢。你心不在戏里，你失去伟大的灵通宝玉，你为势位所误！从一个海洋萎缩为一条小溪流，你泥溷在不情愿的艺术创作中，像晚上喝了浓茶清醒于混沌之中。命题不巩固，不缜密，阐述、分析得也不透彻。过去数不尽的精妙的休止符、节拍、冷热、快慢的安排，那一箩一筐的隽语都消失了。

如果我们在这里忽略这段话的时间背景，把心中的“戏”替换成“生活”，它是否依然成立？

在我看来，这段话依然成立——生活可以因为丧失自由而变得失败。如果生活为“势位所误”，它就会“从海洋萎缩为一条小溪流”；我们的生活一旦遭到挟持，就会被束缚，失去宽广的可能性，而所谓的精彩人生也就无从谈起。

但是这份自由需要我们每个人用极大的努力才能换来。

自由需要丰富和多元作为前提条件。如果生活的可能性被他人或者自己进行了限制，自由便无从谈起。抛开外部因素不说，想做到不给自己的人生划定范围、预设答案，需要的不仅仅是想象力，更要有充分的智慧和扎实的努力。

越是成长，越是和更多不同的人接触，我就越发觉，这个世界之大，人生的选择之多，远远超出我原本的想象，就好像一个人从小到大如果从来没有见过金色，你怎么可能让他去想象丰收的麦田和灿烂的夕阳？比如万方这样的剧作家，如果不去走进别人的生命，不去体会他人的悲苦，她绝不可能仅仅依靠自己的生活经验进行超越性的写作，问题不在于作家创作的想象力是否足够，而是想象力的发展也需要土壤。

中国人喜欢说读万卷书、行万里路，两者都是扩展自己生命体验的途径。生命想要获得自由，就需要我们创造一个能够容纳自由表演和展示的舞台。这个舞台既需要国家、社会的搭建，同样也是我们每个人自己灵魂和头脑的尺度的体现。

徐新：我从地狱里来

在生活的艰难考验中逐渐寻找和认识自我

徐新，浙江人，中国最优秀的风险投资家之一。1988年，徐新毕业于南京大学外语系，随后进入银行业工作。从银行柜员到成功的创业投资人，徐新只用了短短的不到5年的时间，勤奋、敬业和专注是徐新制胜的法宝。外界评价她是凭直觉一掷千金的投资女王，更是目光敏锐、慧眼识人的商场伯乐。

互联网行业风起云涌的20世纪90年代初，徐新进入投资领域，女性身上所特有的直觉和耐心，让她在网易、娃哈哈和中华英才网的投资中大获成功。2005年，徐新创办今日资本集团，目标是打造百亿级基业常青的中国企业。

徐新一直专注于自己擅长的互联网、零售和消费品领域，即使在金融危机影响下，今日资本依旧保持着其一贯的审慎和耐心。2006 年，对京东商城的大手笔投资让徐新和她旗下的今日资本一战成名。她认为对于投资者而言，互联网大潮已经过去，垄断性的超级平台已经建立，现在人们要学会耐心等待。

作为投资界少有的女性投资家，徐新展现出了独特的投资风格以及重压之下的强韧风格。在动辄几百上千亿的血腥资本游戏中，身处旋涡中心的徐新究竟怀着什么样的心态呢？

创始人是企业的灵魂

毕啸南：你当年投网易的时候，它还是个很小的公司，你的投资标准是什么？

徐新：我觉得投资网易（时）其实自己犯了很多错误。我做投资可犯的大部分错误都在网易这个案子上犯掉了，幸运的是我还是赚到了钱。

那是 1999 年初，网易还是蛮小的公司，只有十几个员工。我们过去找他们的时候，它的工程师都很害羞，不知道怎么跟风投握手。丁磊最大方，跟我握了个手。他的第一句话就是：“Kathy，我这个人不喜欢管人，我要做一个快乐的技术总监，你帮我找个CEO吧。”

当时我也没什么经验，就真的去帮他找。这是我犯的第一个错误——在创始人上面放了一个CEO。但其实创始人是企业的灵魂，一定要做公司的一把手。如果他有短板，你可以找人帮他，但是要放在他下面做COO，而不是去做CEO。结果我帮他找来(了)CEO，他们俩因为不合打得非常厉害，最后那个CEO居然带个保镖去上班。

我犯的第二个错误是在公司规模还很小，没有准备好的时候就去上市。我当时是在第一轮投的，5块钱一股，网易上市的时候股价涨到了30块钱，但我们也没有卖，因为我相信基业常青的力量和长期持有。结果没想到2000年下半年互联网泡沫破灭，网易的股票一路跌到6角钱。丁磊在这期间经历了非常多的痛苦，在董事会上被人集体诉讼，把我们都吓死了；同时因为低于1块钱的垃圾股可能就要下市，网易又被调查。那时候董事会开会一开就是几个小时，坏消息一个接着一个，大家都不知道出路在哪儿。

我晚上睡不着觉，感觉像是坐在随时会爆发的火山口上，不知道该怎么办。当时我们的董事都很年轻，31岁的我已经是年纪最大的了，其他人都20多岁，完全没有经验，不知道怎么应对这种风险。你知道人的天性就是恐惧和贪婪，那个时候就是恐惧占了上风。

毕啸南：听起来这很正常，大起大落对一般人来说都是考验。不仅仅是厄运，就算是好运，如果来得太猛太快，也会让人目眩神迷。尤其是对于当时的你们来说，那么年轻的一群人，感到不知所措和恐惧是难以避免的事情，接下来恐怕就是放弃和逃避。你是怎么做的呢？

徐新：因为麻烦太多，大家都想把网易卖掉，价格 8000 万美元，非常便宜，当时网易账上的现金也只有 7000 万美元。董事会投票我就反对，两票反对我是其中一票。但这并不是说我当时眼光特别敏锐，能够看到网易今天的发展。我只是觉得我们不能把这个公司这么便宜地卖掉，既然我们已经在地狱了，而地狱的好处就是不会再坏了，以后应该是通往天堂之路。网易账面上的 7000 万美元，还是可以干很多事情的，而且丁磊在广州的技术团队也非常优秀。我给每一位董事打电话，我说你们要承担责任，不能就这么把网易贱卖了。后来是因为买家嫌网易的麻烦太多，最终给吓跑了。

当时我就在想，为什么除了我，其他投资人都慌了呢？我觉得还是基于对创始人的判断。丁磊留给我的印象很深刻，有一次我们开了一个特别郁闷的董事会，所有的坏消息都出来了。开完会后，丁磊跟我说："你知道吗？今天是我 30 岁生日。"我就想，一般创始人可能需要 30 年走完成长的痛苦，丁磊 3 年就走完了。当天晚上丁磊跟我说，他有两个梦想，一个是做最好的网络游戏公司，另一个是帮股东赚到钱。这些话让我很感动，说明他对投资者有责任感。而且他想到了一个全新的品类，是他最想要的，就是网络游戏。

我觉得一个创始人最应该有的素质是"杀手的直觉"，就是能够看到别人看不到的东西。他要有远见，要有商业的洞察力。这个商业洞察力跟学历没有关系，很多读过 MBA 的人都不成功，因为缺少这种洞察力。

其次，创始人要有很强的学习能力。此外，还要有执着之心。

比如现在做电商多难啊。做电商之前先问自己两个问题：第一，你比淘宝好在哪里？第二，你比京东好在哪里？如果这两个问题回答不出来，你是做不了电商的。因为这一块已经垄断了，已经进入下半场了，京东、淘宝都成为（了）超级平台，它的规模效应、网络效应、品牌效应，已经让别人很难有机会再打进来。而这个时候丁磊搞了一个"网易严选"，打进来了，他的道理也很简单，就是做精选，做高性价比，把商品做到极致，又好又便宜，那里面每一款商品都是丁磊自己挑的，从中可以看出他具有的工匠精神。

毕啸南：如果让你给网易或者是给丁磊提出一些未来的建议，你认为会是什么？

徐新：丁磊身上有一种勇于孤独、勇于伟大的气质。最近他在分享财富上做得不错，比以前进步很多。他以前没有找到好的方法——有的时候不是他不愿意，而是没有找到一个好的方法。但是我觉得他可以步伐再大一点儿，脚步再快一点儿。包括——比如说网易严选，比如让我们也可以投一点儿进去。

只有我一个人看好京东

毕啸南：那京东呢，当时是什么样的情况？

徐新：我认识刘强东的时候，他的公司还很小，只有 50 个员工，销售收入也就是 5000 万元，在中关村有店面，在线上也有一些。我记得特别清楚，我和刘强东第一次见面是在北京的香格里拉饭店，从晚上 10 点钟开始，聊到凌晨 2 点。

当时有两件事打动了我，第一是这个公司一分钱广告不打，每个月的销售额都比上个月增长 10%，这一定是这个品类打中消费者要害了；第二是我就觉得刘强东这个人很诚信，他并没有像许多人那样，放一个PPT给你使劲讲，而是直接打开他的网站来讲。当时我问他，你要多少钱。他说要200万美元，我说200万美元哪够啊？！我说，品类机会来临的时候，你要舍命狂奔，而舍命狂奔是要钱的啊。

我觉得品类机会来临时，一定要做到市场占有率的30%，而且比第二名大两倍才安全。如果没有做到这一点，又因为增量太大，存量太小，你无法形成垄断，随时就可能被别人替换掉。当时我就决定给他1000万美元，这是我人生中非常重大的一个决策。其实做投资不需要做非常多的决策，（只）有一两个决策是最重要的。他拿这个钱干了两件事，一个是扩品类，还有一个是建仓储物流。

互联网最关键的问题之一就是获客成本太高。因此你不能一直想要新的顾客，而要让老顾客重复购买，只有这样才能赚钱。顾客经常来不是因为你便宜，而是你什么都有，丰富的商品是零售第一核心。京东做到了扩品类，从IT扩到数码，扩到手机，扩到大家电，而这一点当当和卓越都没有做到。以前我很羡慕当当，因为当当有100万用户，我们才20万。但京东通过做书，很快就让用户量增加了。在此之前，京东的客单价是800块钱，因为数码产品都不便宜。这隐含着一个问题，客户会认为这么贵的东西他不敢随便冒险，他会觉得京东便宜这么多是不是卖的假货？

但是这些人会经常逛淘宝，因为淘宝的客单价很低。那我们怎么解决这个问题？第一是打广告，但那时候我们也没那么多钱；第二就是积累口碑，当你用户基数小的时候，口碑积累需要很长的时间。我们的办法就是卖书。书的客单价可以做到 80 元，而且书买到假货也没有太大损失，于是顾客第一次尝试的门槛就降低了很多。一旦他在京东上买书，他就会发现京东的体验真好，送货真快，于是他就开始买别的东西。因此我觉得扩品类是刘强东非常英明的一个决定，通过卖书降低新用户第一次购买的门槛，也是他聪明的选择。

他的第二个决定是建仓储物流。当时他想得其实很简单，就是以用户为中心。网购的用户体验特别重要，当时网购投诉最多的就是送货，比如包装破损，或者送货不及时。那时候美国的亚马逊其实也不送货，他们用 UPS 或者 FedEx。刘强东决定建立自己的物流，一开始很痛苦，因为每一个城市都要搞几辆车，雇十来个人。有的城市一开始一天就 20 单，肯定是亏钱的，可能要到 2000 单才能持平。从 20 到 2000 你得熬着。熬多久呢？有的城市熬半年，有的熬一年，而这样的城市至少有 30 个，因为一线城市全部都建立了物流。幸亏我们给了他 1000 万美元，他手里钱多。然后他推出一个“211 计划”，就是上午 11 点前下单，货物当天送到，晚上 11 点前下单，货物第二天送到。这是京东一个非常核心的能力，要不然今天也很难和淘宝竞争。

毕啸南：所以你是一个胆子很大的投资人吗?

徐新：因为我经历过网易啊。我从地狱里、死人堆里爬出来过，所以我心里没有畏惧嘛，就敢打。互联网是没有中间状态的，你要么做大，要么出局。互联网行业的特质是固定成本非常高，一开始就是全国销售，你的电子系统、配送物流必须都是全国性的，但同时它的规模效益也很大，所以一定要迅速做大。

还有一件事就是打价格战。京东有一段时间（销售量）增长200%，新蛋网上商城就开始和京东打价格战，价格永远便宜7%。当时京东的毛利是5%，也就是说，新蛋的销售连毛利都没有，是亏损的，这里面的风险其实很大，你卖得越多亏得越多。但消费者没有忠诚度，立马就跑到新蛋去了。然后京东开会讨论要不要还击，有些高管就觉得风险太大，但我私下和刘强东说，这种时候你如果不还击，他就尝到甜头了，等他长大了以后你还得还击他，但是时间更长、花钱更多。刘强东也很认同，但是他的资金不够了，我们给他的1000万美元都用在了扩品类、建配送站了。我说我们可以借钱！我们过桥贷款借了五次钱给他。但给到后来，我们心里都有点发虚，怎么大家都不投，只有我们一家看好呢？但是我们最终还是选择相信刘强东，觉得他人很诚信可靠。

毕啸南：但光信任也不能解决真实的问题，尤其是在商界的斗争中，策略和决断才是最关键的因素，这方面你应该有自己的深刻体会?

徐新：我做投资这么多年，觉得一家公司不管遇到什么样的困难都不会死掉，只有一种情况例外，就是账上没钱。这件事情把刘强东也吓坏了，一夜白头，他头上的一小撮白发就是那时候吓出来的。从此之后他融资就非常大胆，有的时候其实不需要钱，但还是一定要把钱拿到手，就是花钱买个保险。

我一直也想跟企业家说，你能融钱就赶快融钱吧，不要等到你需要钱的时候，因为那时候市场可能变了，你反而融不到钱了。对创业者来说，控制未来是很重要的。

刘强东除了有我之前说的“杀手的直觉”，他的另一个特点是执行力超强，对老员工特别好，但心有点软，又狠又软，有点矛盾。

毕啸南：那思想上呢?

徐新：我觉得（他）懂得放权了。以前他什么事情都自己管，管得很细，可以 3 个月不休息一天。现在他学会了放权，有的时候可能先忍着不说，让人家去试一下。但是他抓本质，就是用户体验，而且这一件事情反复做。

投资风口是等来的

毕啸南：你刚才讲的网易和京东的故事，给我的感觉是我面对的是一个神经特别强健的人，同时也特别果决。在你的故事里，你似乎是没有同伴的，似乎是专门负责力排众议的那个人，或者从其他人的角度来看，是负责唱反调的。当然，人们可以说这是因为你具备优秀投资者的眼光，但更令我感慨的是你为自己打造出来的这种人物设定——一个游戏的平衡者。当然，这不是刻意的结果，却拥有足够的戏剧性。我不清楚你自己是否看到了这一点，也不清楚是否有人这么评价过你，在资本逐利的本能之外，你拥有这样一个角色。

我们再说说，虽然你做过很多成功的案例，但肯定也失败过，最惨痛的经历是哪一次？

徐新：我们投了一个做闪购的电商，最后血本无归。我们那时候相信电商，而且也认可闪购的模式，但是当时做闪购的第一名已经要上市了，我们就投了第二名。但当时我们不知道的是，电商是很残忍的，很多时候只有第一没有第二。这是第一个教训。第二个教训就是反应速度不够快，你要比竞争对手更好地服务消费者，要在一个竞争的环境下舍命狂奔，所以每一次出招你都要比对手更狠，如果没有这些反应的话肯定不行。

我们只投第一，希望这个公司在投完以后能变成这个领域的第一品牌，但是不限于早期。因为只有第一能活下来。

互联网行业发展到最后的格局可能是721，第一拿70，第二拿20，第三和后面的其实就不重要了。互联网已经进入了下半场，上半场形成了强大的超级平台。现在热炒的AI也将是超级平台的天下，因为AI的核心是数据和场景，这两点都抓在超级平台手里，而且他不会给你，因为这是他最核心的竞争力。

毕啸南：新生力量起不来吗？有人说人工智能将是第四次工业革命的核心驱动力。

徐新：那就要看是不是真正的创新！就是谁来收获这次工业革命的收益的问题。我觉得恐怕还是强者恒强。

毕啸南：但是你的野心显然不止于此？

徐新：对，就算不好玩，我还是想投小公司，而且也一直在寻找。

在超级平台已经形成的背景下，未来市场中的希望或许是细分市场，比如网易严选，把产品做好。但这里面有几个问题要把握，一是销售渠道，二是产品和研发。在渠道特别强大的时候，能不能创造出伟大的品牌？未来的零售，即便在淘宝、京东如此强大的情况下，我们依然看好新零售的前景！首先你要控店、控货、控心智，其次你要线上线下打通，提高效率、降低成本，满足用户越来越懒的天性。

控店就是说你要有自己的店，不管是直营还是直营化管理的加盟店；控货就是说你要有自己的自有品牌，深入供应链，深入产品设计，控制选品和包装；控心智就是说当 20% 的用户经常看到你（时），你就占领了他们的心智。星巴克咖啡是世界上最好喝的咖啡吗？当然不是。有很多小店的咖啡比星巴克的咖啡好喝。但为什么你一喝咖啡就想起星巴克呢？因为它的店开得到处都是。所以你要舍命狂奔，迅速开店。

新零售的核心就是线上线下打通，送货上门半小时到达，门店的一切数据化，一个小店的覆盖面积通常是方圆 200 米到 500 米，大店的覆盖面积是方圆 500 米到 1000 米。但是有了新零售，线上线下打通，这个店的覆盖面积就可以达到方圆 3 公里，同样的房租和人工成本，收入可以翻一倍到两倍，人效和坪效大大提高。送货上门半小时到达，让用户特别爽。归根结底，新零售是提高了效率，降低了成本，用户体验超好。

毕啸南：你的这个思路和我刚才对你的判断是吻合的。那么这几年国内的投资热，会不会反而是钱太多，回报却更少?

徐新：你讲得很有道理。我觉得投资行业是很看年景的，我觉得这几年的年景都不是特别好，因为钱太多了，大家都在抢。这首先导致做调研的时间变短了，以前我们做调研至少要用一两个月的时间，但现在一两个星期就要做出决策。在你还没有洞察清楚的时候做决策，就会犯错误。其次因为资金充足，投资的价格就不会便宜，可能过半年就上涨了3倍，而且你不做就没了。最后就是我前面说的，互联网是赢家通吃，如果你没有投到前两名，你的钱就要打水漂。

但是对于早期项目，可以手松一点儿，因为确实风险很大。哪怕有一百个理由不投，但是只要有一个理由可以投，就可以。这很关键，因为早期项目确实有较大风险，所以你投入的资金也不用太大，这样你输得起，因为其他盈利的投资可以把这个亏损平回来，这个把握是很重要的。最糟糕的是投一些中庸的公司，这些公司即使成功了也赚不到钱。

毕啸南：所以风口其实是等来的?

徐新：对，不能着急。传统行业就像登山，山在那里，你一直爬肯定能登顶。但互联网是浪，浪来了你要赶上，赶不上就（只能）等下一个浪。现在移动互联网的浪已经过去了。

我们之所以成功，还是（因为）投到了伟大的公司。哪怕是一个小型的投资公司也应该坚持要投伟大的公司，这一点很重要。投到一个这样的好公司，然后耐得住寂寞。一个人的时间有限，不要让你的时间被中庸的公司给耗光了。我们这一行老有人觉得，把青蛙吻一下就变成王子了，其实那个吻是不管用的，除非那个青蛙天生就是王子。

啸南说

在坚持己见的过程中定义自我

几乎对身边所有投资界的朋友，我都强烈推荐他们看对徐新的这次专访。

因为真是分分钟都是干货，一个字都舍不得删。唯一在这里分享的，是文中没有的，但我认为很有价值的内容，是她关于职场员工的不同分类，值得创业者和求职者们进行反思。

徐新认为，企业发展到一定阶段，人才其实已经分类了。她按照业绩与价值观把员工分为了几大类：第一类是业绩好，价值观也好的员工。这类员工被她称为“明星”。对待“明星”，要给他很好的报酬，给他很多提升的机会，并投入很多注意力，因为你主要是依靠他们创造财富。第二类是业绩不好，价值观也有问题的员工，称为“狗”。这种人怎么办呢？把他开除，很多老板都知道应该做这个。第三类员工，其实是很多老板不知道该怎么对待的，这类人的业绩非常好，但是他会有一个很大的问题，比如吃回扣，或者喜欢拉帮结派，这种人被称为“野狗”。对这种人怎么办呢？很多老板舍不得开除他们，但如果你手软，你的公司就完蛋了。这种员工一定要开除，而且你要在中午吃饭时，当着其他员工的面把他带走。

此外，还有一种员工最难对待，就是价值观很好，也很勤奋努力，但就是没有业绩的，用乔布斯的话说，这种人对公司既没有好处也没有坏处，叫“小白兔”。其实，这个“小白兔”的危害比“野狗”更大。因为“小白兔”待久了就会变成“大白兔”。“大白兔”的危害是什么？第一，他自己比较平庸，那么他找的合作伙伴可能比他更差——因为他缺乏安全感——于是公司的整体素质就会因此下降。还有一个，因为你要经常为这样的人补短板，把你的时间用在他身上，那么“明星”员工受到的关注就会变少，你的精英就可能离开。

其实大部分员工都是属于中间状态的“牛”，是见风使舵的。看见“明星”升官发财，他们就变成了“明星”；看见“小白兔”活得很滋润，他们就变成了“小白兔”。

如何对待“小白兔”，最能检验一个公司管理者的水平。人们都说乔布斯的眼睛上长了雷达，专门发现“小白兔”，然后立马请走。特别好的公司一定会把“小白兔”赶走，否则他们会变成“大白兔”。当你发现创始人身边都被“大白兔”包围着的时候，这个公司就遇到了瓶颈，不再增长了。所以说伟大的创始人都够狠，因为他们志存高远，不用特别担心部分员工流失。只要你的用人标准是公平的，即使被开除的人也会服气。事业上打了胜仗就会有凝聚力。

虽然这篇对话看上去都是投资圈的内容，但徐新的艰辛和坚韧，已经体现在字里行间了。

前段时间，网上流传着一篇关于“滴滴”柳青的文章，我不知真假，但其中有段话很能反映这个圈中很多人的真实生活：“24岁时，柳青每天回家照镜子，觉得自己像42岁。那是她硕士毕业后刚刚加入高盛的日子。她在香港的长江中心上班，每天大概清早5点下班，紧跟着9点又回来继续上班。一天只能睡两三个小时。她总会迷迷糊糊地撞进出租车，跟司机说‘我要去长江中心’，对方回答‘你就在长江中心’；或者说‘我要去旧山顶道’——那是她的住处——司机回答‘你就在旧山顶道’。经常半夜1点钟，柳青和一个好朋友约在女洗手间，抱头痛哭，互相借对方的肩膀解压。”

凡是事业上有一番成就的人，往往有着一样的付出，徐新如此，柳青如此，各行各业也都是如此。

但我还是要说，所谓“成功”，并不一定意味着职业的成就，生活的柴米油盐酱醋茶，或者一方小天地，也可以充满智慧和挑战，足够让你用来磨砺自己的生命。我们的生命和我们所做的事情，就好像刀和磨刀石的关系，工作是为了磨砺自己的生命。如果不慎挑错了方向，灵魂会在漫长的时间上摊薄，日子会向我们亮出冰冷的刀口。

在聆听徐新讲述跌宕起伏的投资故事时，我的大脑中像在拼积木一样，不断建构着她的形象，而这个形象又是从她充满互动的真实经历中得出的。所以我才会在节目中说出下面这段话：

> 在你的故事里，你似乎是没有同伴的，似乎是专门负责力排众议的那个人，或者从其他人的角度来看，是负责唱反调的。当然，人们可以说这是因为你具备优秀投资者的眼光，但更令我感慨的是你为自己打造出来的

这种人物设定——一个游戏的平衡者。当然，这不是刻意的结果，却拥有足够的戏剧性。

我对徐新的解读，当然只是属于我的一种想象。但从徐新的角度来说，这是她在我心中留下的印象。而徐新口中的丁磊和刘强东，当然也是他们两个人留在徐新心中的印象。

别人对于我们自己来说，都是他者；对于别人来说，我们也是他们的他者。这话可能有些绕，再举一个简单的例子，比如我的专访，肯定是在和被采访对象的互动中完成，并在这个过程中实现了我和嘉宾各自的人格呈现。

这令我想起，我在亚妮的“啸南说”中引用过的一句话：“不是我们嘴上说的、脑子里想的，而是我们所做的才决定了我们是什么样的人。”如果允许我把这句话再推进一步，我们要清晰认识到，人的所有行动都要建立在与他人的互动之上。不论是力排众议，还是从善如流，理想的互动需要我们综合考虑很多因素。

但是徐新的故事对我们至少有一点启示：只有坚持自己的主见，才能有机会对自己负责。

张越：如何面对生命的残缺

诚实面对自己的不完美，人生就能由难而易

张越，1965年出生于北京，毕业于首都师范大学。当过中专教师，做过自由撰稿人，尝试过做电视编剧，从1995年底开始，担任中央电视台节目主持人。20年间，张越主持过《半边天》《音乐人生》《夜线》等电视栏目。

因为肥胖，张越曾经常常被人嘲笑，年轻时候的她常常以极端的方式回击。后来张越逐渐意识到，每一个生命本质上都有各自不同的残缺，只是有人在生理上，有人在心灵上，没有任何人能够幸免。认识到这一点之后，张越的人生态度发生了很大的变化，一种新的平等观在她心中逐渐形成。

2011年，张越和朋友一起创办了国内第一家动物保护公益基金会——“它基金”。她认为，对动物的虐待和伤害，终究会导致人类对生命的漠视，保护动物的本质事实上是保护人类自身。

媒体评论说，张越是一位远离喧嚣，能以批判眼光自省的主持人。她的节目大多聚焦在大时代中被漠视的普通个体的人生境遇与精神困境之上。张越说成就自我的关键是两个字：“老实”。这种老实一是老实本分地始终忠于自我，敢于为理想坚持，也敢于勇敢舍弃；二是一旦决定的事就老老实实努力，不走捷径，不贪欲念。

我终于学会了倾听

毕啸南：当年红透中国的《半边天》节目，仿佛在一夜之间确定了你在屏幕上特别犀利敢言的女主持人形象，那是真实的你吗？

张越：不完全是。非常偶然的命运，我从1995年开始从事这个行业，那个时代没有真正意义上的主持人，准确地说应该叫“司仪”，就是打扮得很漂亮，站在那儿说下一个节目是什么之类的。我那么做了两期，有领导看了以后说你干这个干吗？你又不是演员出身，也没学过播音，不管是身体姿态、外貌，还是表达都不理想；你的能力是在其他方面，比如说对问题有看法，并且能表达出来。从这一点出发，应该给我开一个真正属于我自己的节目。

正好那时候中央电视台的一些年轻制片人想学做美式的脱口秀，特别想找一个能做这种节目的，他们觉得我或许可以，于是就给我设计了一个节目，设计成每期由我采访一个有能力、有名气、有人生态度的男性，由我和他做两性问题的争论。在节目里，我不是裁判，而是下场踢球的队员，而且不能输，只能赢。所以我上场就是去“杀人”，但其实我“杀”不了人，那些中年男人也不会通过一次谈话就改变自己的价值观。但我的主持态度确实跟以往所有的女主持人不一样，没有那么温良恭俭让。可笑的是，为了寻求和男嘉宾的对立，每次我都是准备好了一整套观点和说辞，可那不一定完全是我自己的观点。但很快，报纸上就开始说中国出现了鹰派主持人，用来形容我的都是“咄咄逼人”“犀利”“机智”“锋利”之类特别厉害的词。

那时我还年轻，也有自己的职业虚荣心，于是人家越说你要“杀人放火”，我就越愿意在节目现场变得厉害，为抢了别人的话感到满足。之后有次遇到一位涵养好的嘉宾，不跟我吵，我当时觉得挺羞愧，我的能耐没完全发挥出来，节目录得不好看，那位男嘉宾自己都觉得不好意思，录完后还向我道歉。结果那一期节目播出的效果特别好，许多观众写信来要求我转给他，全是情书。

之后我开始觉得，一个主持人只有让自己的嘉宾表达出真实的自我，才能做出好节目。自那之后我开始慢慢调整，后来差不多有两年时间不再做主持人。

我去找领导，说我不做节目了，我觉得让我谈的那些我都不想谈，我没有价值感。我说我不知道自己想谈什么。

年底前发奖金本该是一年中最高兴的时候，可我领完了一沓钱，却难过地哭了。我觉得自己干的那些事情没意思，我不喜欢。我工作不能光为了骗钱。电视台是一个公众平台，我总得干点儿我自己认为有价值的事。这一停，就将近两年，除了跟朋友聊天、看书，（我）什么都没做。当然（我）也会焦虑，主要是没有收入，电视台给的 1000 多块钱底薪不够过日子。

完全没钱的时候，我就去催别人给我稿费，因为我以前给报纸开过专栏，不少稿费都还没领，其实没有多少钱，原来想不起来，那时候因为穷就全想起来了，掰着手指头想。等一拿到钱，我就高兴地叫朋友出来吃饭。

有时候在社交场合会碰到一些同行或者明星，他们会说我真是太可惜了，之前挺红的，怎么就折了。不过我完全没有这种看法，而且在这期间我不断（地）跟身边的普通人聊天，卖菜、修鞋的都聊，都是真实的生活故事，比我以前那些空洞的话题有价值多了。这些滋养慢慢地就形成了之后的《张越访谈》，就是在生活中寻找一些有独特经历又有表达欲望的普通人。而这些普通人能映照出一代人、一群人的影子。我就对领导说，我又想做了，我想去采访人。

那时深圳有一个叫胡晓梅的广播电台主持人，之前是个打工妹，混不下去想离开深圳。在最后一刻，她坐上游览巴士想要看一看这个自己奋斗过的城市。她在巴士里面听到了一档讲述深圳梦的电台热线节目，特别有感触，就打进去讲了自己（的）梦想失败的过程。她打完了这个电话就准备收拾东西离开。就在那时，电台打来电话说她的热线创造了最高收听率，问她愿不愿意去当主持人。她就这么戏剧性地变成了一个主持人，后来成为当时最年轻的金话筒奖获得者。我就去深圳采访了她。

因为她的故事我都知道，所以我和她对话的过程很平常。后来我和摄像去深圳火车站拍一段空镜，我是主持人没啥事干，就在里面乱转。后来我想上厕所，在那个公共厕所受到了极大的震撼。女厕所的墙上和每一个隔板的门板上都写满了字，都是这样的：深圳我爱你，你给了我梦想。深圳我恨你，你夺去了我的灵魂。然后有的人写：今天夜里我没地儿可去，妈妈我去哪儿？

整个火车站如同一个大的吞吐机，吐出了全国各地无数怀抱梦想来到特区寻梦的青年，多少人在这里失败、落魄、难过、选择离去，多少人在这里开辟了自己新的人生。好多年之后，我碰到罗大佑，我问他你创作的核心理念是什么？罗大佑说他关注的就是西门町汹涌人潮中每张脸背后的故事。这句话一下子就说中了我在深圳火车站的所有感受。我想知道（在）门板上留言的每一个人是谁？从哪儿来？为什么要到这儿来？在这里遇到了什么？我想知道在这个大时代里曾经努力追求过的每个人，他们的位置在哪里？

后来我跟剧组的同事说，我觉得我们抓住了一个东西，快要抓住了，有一个特别有价值的东西在向我们走过来。从此我就开始去往全国各地，去找各种各样的人，分享他们具有时代和阶层代表性的人生故事。在这个过程中，我深深地爱上了我的职业，我终于学会了倾听。

以前我愚蠢地认为自己是最聪明的，我要在节目里表达自己的聪明。现在我知道大千世界，人是多么的丰富，我所知的实在太有限。作为主持人，我是来听他们说话的，我是来帮他们把想说的话说出来的，他们是最有价值的部分，不是我。

老实是我的关键词

毕啸南：我一直听你说，没有打断。你的叙述特别连贯，能感觉到你对这一段往事已经有了非常清楚的反思。一个人能够认识到自己不是独一无二的聪明人，能够从内心尊重并且愿意倾听其他人的声音，这无疑是一次心灵的跃升。

表面看起来，你成为别人的听众，是把自己降下来，但实际上你是将人生的阀门从释放的挡位转到了吸收的挡位，结果是大大丰富了自己。接着你还是会释放，但是因为你整个的体量变得比以前大许多，所以你在释放的时候不会有“宣泄”的感觉，但其实你的影响力是增加的。这个逻辑其实非常简单，但人往往会犯“只缘身在此山中”的错误，所以你这个变化特别难得。

咱俩有一次凌晨通了三四个小时的电话，其实你有一句话我印象特别深刻，你说每个生命个体其实都很难面对生活去做独立的抗衡，而你的工作就是通过语言架起一座桥梁，让人能够彼此温暖，获得力量。

张越：我采访过一个写信给我的农村妇女，陕西咸阳农村的。她那里很富裕，生活水准不低，但她在信里边说自己心里特别不舒服，觉得压抑，但是不知道是因为什么。当时我感觉她是有更强烈的精神追求，愿意学习文化知识。等我带着剧组到咸阳去找她，发现她人特别羞涩，什么都说不出来。我就先跟她一起过了 3 天日子，等到两个人已经特别熟悉亲近了，我说可以采访了。

那时候天气很冷，我们坐在田间地头，可她依然什么都说不出来。我就让摄像先到附近拍点儿空镜，然后跟她闲聊。我说你老说不高兴，又说不清到底为什么不高兴，那你告诉我你变成谁就能满意了，电影、小说里的人也行？她毫不犹豫地就说“你”。

我说怎么会是我？

她说你有工作、有同事，认识好多人、去过好多地方，不像我，我哪儿都没去过。你看我们家离西安只要花9块钱坐长途汽车就到了，但是我从小到大都没去过。对于我们这里的农村女人来说，有钱买房子、制作家具是正常的，拿钱出去旅游就不正常；花钱买衣服是正常的，花钱买书就不正常。人家会说这家媳妇不安分。可是我特别想出去，结婚之后，我去过一次西安。我站在西安钟鼓楼，看到好多人，我就哭了，我觉得我特别孤独，这么多人都跟我一点儿关系也没有。那些城里的女人就算穿一件黑衣服也特别好看，而我都不敢穿黑衣服，我这么土，要再穿黑衣服就更土了。我都穿红衣服，可穿上也不好看。我看电视跟你们看电视不一样，我是把电视当书读，通过电视去所有里面的地方。

我的摄像悄悄地在远处录下了我们这些对话，等这个节目播出之后，有好多媒体和观众联系我，想要这个农村女人的联系方式。我问她，我能不能把你的地址给别人。她说你不要给任何人，我岁数大了，要是年轻还来得及出去，现在上有老下有小，我适应不了城市的生活，我走不出去了。我心里已经很乱了，你要让外边的人再来诱惑我，我的心就更乱了，就让我安安静静地过日子吧。

你知道人一辈子都面临着去与留的难题，有人不敢去，当然也有人敢去。但是去留、爱恨、生死，所有的这些基本母题对人类来说是一致的。

毕啸南：当你找到这个价值之后，是否足够形成强大的动力，让你面对一些外在的诱惑？你曾经当红过，你和虚荣心从来就没有斗争过吗，还是说你认为那些真的不重要？

张越：虚荣心每个人都有，年轻的时候尤其会有，有的人一辈子都超越不了。我也曾经陷入其中，我的制片人找我谈过，说有些节目别去了，你不能什么都谈，你不能什么节目都去，这对你没有好处。我当时根本不明白她在说什么，而且对这种话非常反感，心里想的就是他们都是见不得我红，就想（用）一个节目霸着我，不让我去别的地方。

后来一个领导跟我说，一个好产品可以有一个好商标，它俩是一体的，当一个商标往所有的产品上贴的时候，它就跟所有的产品都没有关系了。最先朝你扑过来的人，也是最先抛弃你的人。

这些话真有道理，但是当时真不知道。直到后来开始做《张越访谈》的时候，我才发现了生活的滋养，理解了人性，了解了社会、历史和身边的人，也最终了解了自己。

毕啸南：你觉得对你而言成就你的关键词是什么？

张越：老实。

毕啸南：你的“老实”和词典上解释的老老实实，既有相通的地方，又有不同，它不是那种中规中矩的意思吧?

张越：更像诚实，或者说踏实。我会一直在一件事情上认真做下去，直到做得特别好。

在我很小的时候，我妈就一直在跟我说，你长大了干什么都行，但是干什么都得是那行里干得最好的那个人。用同事白岩松的话来说，在我们这行有短跑选手，一夜之间红遍全球，也有长跑选手。我说“我适合做马拉松选手”。这确实是我的个性和我喜欢的方式，在这个过程中我必须听从内心的召唤，在一个我认可的专业里老老实实地耕耘下去。

去爱不完美的事物

毕啸南：所以你的“老实”有两层含义，一是始终忠于内心深处的呼唤，二是在追求的路上踏踏实实地前进。但是这个时代可能很多人不大相信这个“老实”的力量了？

张越：对，不相信。比如我现在瘦了，大家最感兴趣的不是我去哪儿做节目或者做不做节目，大家感兴趣的是我怎么减的肥，有没有整容。

一些同行见我就说，你这整得真成功，怎么整的？开始我还给人认真解释，后来我都不解释了。如果我告诉他，这是因为我晚上做直播节目，从下午上班到夜里这期间没空吃饭，没人会真的愿意听，也没什么人相信。

毕啸南：你有（过）要主动减肥吗？

张越：完全没有。其实就是因为职业的原因被迫调整了生活方式。我连体重秤都没有，根本不知道自己在变瘦还是在变胖，我的同事每天跟我在一起工作，天天见面也看不出那种缓慢的变化。直到有一次我去一位熟悉的设计师那里取衣服，以为他把衣服做肥了，这才意识到自己瘦了。

毕啸南：我觉得减肥这个话题不光是一个八卦，其实背后也透露出一个人的生命观和他的生活方式。

张越：其实起决定性的是自己的感受，如果你认为胖一些对你不是问题，那它就不是问题，你不能生活在别人的目光里。

在学生时代，我上街会有陌生人忽然停下来说我胖，然后就走了。我在外面吃饭，也会有不认识的人过来说这你一顿得吃多少。一开始我根本反应不过来他在说什么，后来次数多了就学会了还击，方式特别极端。这是个特别不好的事情，对自己也有损伤。然而就是我们今天生活中很多人与人之间的关系，一开始想与人为善，然后被欺负，就想着要还击，最后就变成了人际关系的恶性循环。

我大学毕业以后做过一段时间的中专老师，我原本以为只有自己因为胖感到自卑，结果通过和学生们的沟通，我就发现他们全都自卑。有的嫌自己长得黑，有的嫌自己长得白，有的因为长了青春痘，有的因为胖，有的因为瘦，特能说的人觉得自己不深沉，不能说的人觉得自己笨嘴拙舌……

（这些）跟我们中国传统的教养方式有关，家长对孩子从小就是批评式教育，所以他一辈子都在防御别人。明白了这一点后我就彻底释然了。因为这是所有人的通病，人是没有办法彻底让自己没有毛病的。

毕啸南：我相信每个人都会在成长的过程中遇到自卑的问题，很多人一辈子跨不过去。核心问题是生命本身就是有残缺的，如何去面对这种必然的残缺，积极健康地面对它，甚至将它转变成生命的财富?

张越：有一个我特别尊敬和喜欢的作家叫史铁生，他是个高位截瘫病人，一直坐轮椅，但曾是篮球健将，20多岁忽然就站不起来了。后来他写了一篇文章叫《我的梦想》。他说自己崇拜体育明星刘易斯，后来在一场重要的比赛上，刘易斯败了，现场所有记者和观众的焦点都转向胜利的约翰逊，刘易斯忽然就被晾在旁边没人理。为此他好几天都特别难过。后来他明白自己难过是因为他一直觉得刘易斯是全世界最幸福的人，而当他失败的时候，这个想象破灭了。原来每个人都有局限，刘易斯的跑不快，跟他的不能跑，其实没有区别，都是局限。如果一个人不能接纳生命本身的局限和残缺，不管是他还是刘易斯，都将是不幸福的。后来刘易斯到北京，找到了史铁生，把自己的跑鞋送给了他。

毕啸南：当我们整个社会都在追逐谁比谁更成功，谁比谁更闪耀的时候，这其实是一个非常重要的反思基础。台湾作家龙应台有句话说，衡量国家文明的尺度在于看他如何对待那些弱势的人。

张越：我们有两个功课要做，一个是接纳自己，然后是接纳别人。接纳自己是接纳别人的前提。所以一个真正爱自己的人反而会善待别人。我们从小受教育老说要爱一切美好的事物，这句话其实是有问题的。人人都爱美好的事物，不美好的事物怎么办？实际上这个世界99.9% 甚至 100% 的生命都是不够美好的，怎么办？

关爱动物的本质是关爱人类自身

毕啸南：这些年你除了做主持人，还将大量的时间和精力投入到了自己成立的动物保护基金。这件事情是怎么发生的?

张越：十几年前，我在做《半边天》主持人，有一次去采访一位女士，非常偶然地在她家院子里看到了很多伤残的流浪猫和流浪狗。那时候我自己不养动物，也不关注动物领域的事情，这是我第一次看到那么多伤残的动物，而且有的情况很严重。比如：有头上被人钉进了钉子的狗；有浑身被化学药品或者火烧伤的狗；有被人挖掉眼珠的猫；有被人把四肢碾碎的猫……采访过程中正好有人送来了一只小狗，被附近一个工厂的人用带钉子的木板打伤了，狗身上有上百个血洞。我当时特别震惊，说这要赶紧报警啊。那位女士说，报警没人管的，这样的情况太多了。

我当时特别吃惊，然后感到特别困惑。怎么会这样，怎么可以这样对动物肆意虐待？我觉得我们是不是该自我教育一下，因为总得有点儿正确的价值观，然后走向文明吧？

毕啸南：所以你关爱的看似是动物，其实重点还是人类自身的命运。

张越：我希望社会管理是文明有序的。如果一个社会里的人可以任意地对待动物，如果小孩子是在一个看着成年人任意虐待动物的环境里面长大，那对世道人心会有多大的伤害？

我记得哲学家周国平说过，一个残忍虐待动物的民族和人群，其生命感会麻木，会不懂得怎么尊重自己的同类。一个人怎么虐待动物，他就会怎么虐待同类。所以我们生活中的那些假冒伪劣、那些矿难、那些凶杀，跟活熊取胆、活吃猴脑都是有内在联系的。其实都是对生命的漠视。现在我们的社会充满戾气，有很多冷酷和残暴的角落。我认为除了要有立法，还要有共识，就是人和人之间、生命和生命之间彼此尊重的理念。

于是在 2011 年，我们成立了“它基金”，全称是北京爱它动物保护公益基金会。

200 年前，全世界最早建立反虐待动物法和民间反虐待动物组织的是英国。今天所有的保护动物组织，都是学习英国的。最早呼吁立法和保护动物的人，也是最早呼吁废除黑奴买卖的人，是英国政治家威廉·威伯福斯。因为拥有全世界最强大的海军和船队，英国是当时从非洲劫掠黑奴并贩卖到北美情况最严重的国家。年轻的威伯福斯在议会上发表演讲，呼吁废除奴隶贸易。结果几乎所有人都在嘲笑他，因为国家和老百姓都在从中赚钱。他在呼吁废除奴隶贸易的同时也呼吁反虐待动物的立法，从一个人，到几个人，再到十几个人，成立了废奴小组。他为此奔走一生，到他去世时，英国终于废除了奴隶贸易，英国甚至用他们在奴隶贸易中赚到的钱为黑奴赎身。也是在那个时候，英国终于有了第一部反虐待动物的《马丁法案》。

毕啸南：目前来讲，动物保护在国内还遭受着一定的质疑，甚至是争议，会不会有人觉得你做的这件事情固然对，但是太超前?

张越：生命之爱是不能排序的。从我的经验上看，对动物好的人，对人不会坏。现在大家有一个误区，认为动物保护是从国外学来的，但其实中国是人类历史上最早有保护动物行为和保护理念的国家之一。比如说在黄帝时代，就不允许人射杀幼小的野兽，不允许捡拾鸟蛋，按照现代的话说，是为了可持续发展。中国汉朝有人类历史上最早的专门保护鸟类的官方机构。再比如到了清朝，有一个组织叫内外城巡警总厅，相当于北京卫戍区。这个总厅的工作之一就是禁止人们虐待牲口。中国核心文化是儒、释、道，儒家的核心是仁爱，佛家的核心是慈悲，道家的核心是和谐。儒、释、道三家加起来就是天人合一，这是东方文化的核心。

毕啸南：你说生命之爱是不能排序的，会有人从这个立场上去反问你，凭什么猫狗就是伴侣？凭什么不能吃狗肉，却可以吃猪肉？

张越：很多人都这么说，你怎么吃猪肉、吃鸡肉？如果我要说我不吃肉，我吃素，也有人会说难道植物就没有生命吗？难道庄稼就没有生命吗？你如果要真善良，你就去饿死吧。

实际上这是最普遍的跟动物保护相关的问题。我觉得从事实上来说，动物是有分类的。动物的分类是根据不同国家的法律、公序良俗，还有公共认知来进行的，是在某个历史发展阶段被人类普遍接受的一种分类。不同的分类动物有不同的对待方式，也有不同的保护方式，都是保护，但并不是一说保护就不让人吃饭。

比方说狮子、老虎这样的野生动物该怎么保护？需要人类去给它送粮食吗？不用。野生动物的保护，就是不要接近它，不要破坏它的栖息地；那么伴侣动物，猫狗这样的，对它的保护又是什么？是规范繁殖，规范买卖，负责任地饲养，不要随意抛弃，更不要虐待；对经济动物，就是人类日常食用的鸡鸭鹅来说，也有它们的保护方式。就是在饲养的过程中，给予基本的食物、光照，合理的生存环境，在屠宰的时候免予巨大的痛苦和恐惧。可能有人会问，这有什么意义，你杀都杀了，吃都吃了。实际上如果不是人道饲养，那么在饲养的过程中可能投喂了大量的激素和抗生素药物，那个肉是非常不健康的。所以经济动物的人道思想和人道屠宰不仅仅对动物有意义，对人也有意义。

这里面还有一重意义是感恩。很多人家里杀鸡宰鹅的时候，都会念叨几句歉意的话，我觉得这叫文明的底线。就是还有情义，还懂感恩。

毕啸南：目前来讲，中国国内有没有在你的经验和视野当中，无论是政府、民间机构还是公民个人，在这方面做得比较好的可供参考学习的案例？因为我知道，很多人虽然有爱动物的心，但往往苦于找不到能够采取行动的方式。

张越：大连有一个民间公益组织叫“微善”。这一群青年志愿者做的，也是收养和治疗流浪动物的工作。他们靠捐赠建起了一个动物医院，为治疗（后）康复的动物寻找领养，据说得到了大连公安局养犬办的大力肯定和支持。其实中国各地的公安局都有养犬办，他们的工作往往也很难做，要动员民众为自家的狗交管理费、打疫苗、做绝育。但是很多饲主不会去注册，也不打疫苗、不交管理费，拒绝接受社会的管理。

大连的公安局的养犬办跟动物保护的民间组织进行了特别和

谐的互动，彼此帮助宣传。比方说民间组织要做一个“领养代替购买”的宣传活动，养犬办的领导会到现场跟观众做一个演讲。很多人不知道，动物保护这件事有没有公安局或者说政府的支持，效果和结果都是完全不一样的。比如说公安局查抓了一批狗，可以让志愿者帮忙宣传领养，给它做个绝育就可以带走。对老百姓来说，不花钱可以养一条狗；对公安局来说，问题也得到解决了。我非常希望到最后，政府和民间多一些这种良性互动，本来双方各有所长，也各有所短，这种合作模式非常值得推广。

啸南说

越活越具体，越活越老实

这期专访的话题事关每个人如何认知生命，以及如何过好这一生。生命是有残缺的，你我他，概莫能外。

如何认知自己的残缺，能否积极面对，并转化为特殊的才华，是人生由难而易的关键。绝大多数人，一生都浑浑噩噩，且即便看到了自己的缺陷，也不愿或不能正视。这些人在面对他人时，往往表现出敌意、防范、嘲笑、斗志昂扬。

人生还有一条修行的路：直视自己和世界的不完美，同情体谅自己的对立面，对真善美上下求索。这样无论你是入世还是出世，都可以过上良好的生活。什么是良好的生活？追求真善美就是良好的生活。

当年，《半边天》和同时期的《实话实说》《东方时空》《焦点访谈》等名牌节目并驾齐驱，张越和白岩松、崔永元、水均益等主持人一起家喻户晓，令张越着实风光了一阵子。随后，中国的电视媒体和媒体人在大时代的浪潮中一起变动，张越也在书写自己充满转折的故事。

这期节目播出后，其中有一句话说道，张越两次向央视辞职。张越看到后纠正说，其实她并没有辞职，只是当初感到迷茫，想要停下来思考清楚，再重新出发。为什么要让我们纠正过来呢？她说并非是担心当年的领导看后有什么不好的想法，而是不应该去消费自己的东家。一个尽职的人，不论在哪个平台，都应该尽心尽力工作，都应该对自己获得的平台心怀感激。就算离开，也应该洒脱干净，不轻易抱怨。对此我深表赞同，连夜修改了片子的内容。

还在主持《半边天》的时候，张越就已经开始为女性权利奔走，做了很多工作。后来机缘巧合，她成立了中国第一家动物保护基金——“它基金”，实践生命平等权。在中国，这还是个非常前沿的话题，但是人类文明发展到今天，对待动物的态度已经成为人类自我认知和认识他人的标准之一。应该说，张越从事着一件必须做，但在中国又异常艰难的事业。其实直到现在，“它基金”的生存状况也不容乐观。

张越的生活目标在她不断的思考中变得越来越具体、越来越聚焦。孔夫子说一日三省吾身，普通人哪怕做不到每天自省，但若是能够每隔一段时间停下来想想自己的生活，肯定也会有不小的收获。因为我们心智的成长是伴随终生的，昨天看起来正确无比的事情，在今天就未必如此，到了明天甚至可能走向反面。正因为心智的成长是一个从懵懂到清晰的过程，所以张越会在看起来成功的工作中感到困惑，她的心渴望一个可以匹配的答案。很多时候，当我们心中怀有不安，过着散漫的生活时，都是因为那个答案还没有显现。想要寻找到这个答案，需要我们塑造一个善于反省的心灵，时时刻刻矫正自己前进的方向，时时刻刻在这个方向上看到高远的目标。

在这个过程中，张越也变得越来越老实。就像前面所说，这里的“老实”指的是诚实地面对自己。我相信，生命的真已经包含了生命的善和美。当我们能够深刻理解到万物生命的平等，当我们发自内心尊重其他的生命，这会是必然的选择。

《女性领袖人物》系列录制的过程中，我得到了不少朋友的支持和帮助，都需要感谢，但张越是其中最特殊的一位。因为她可以从主持专业的角度为我提供思路，所以几乎每次当我在这个过程中遇到“瓶颈”的时候，我都会给她留言，而她也会不吝时间地帮我条分缕析，解决问题。甚至也是受到张越的影响，我不再多说话，不再和嘉宾争论，而是渴望平等交流，渴望倾听。当一位嘉宾在舒适的对话环境中，完整地说出自己的故事，我察觉到了其中具有的巨大价值。而想到这些动人的故事，直抵人心的思想可能能够通过各种传播渠道影响到哪怕一个人，我便也异常满足了。

专访后，张越说我是她见过的难得的访谈节目主持人，坚持下去有成为行业标杆的潜力。感谢她的鼓励。

中国政法大学丛日云教授曾经在该校毕业典礼上对毕业生们说过一段话:“人生多歧路，这是人的宿命。如果严肃地对待人生，就不得不一次次面对歧路面前的困惑与焦虑。人生就是无数的选择。从人生终极目标的选择，大的发展方向的规划，直到日常生活中每一个细节的选择，迈出每一步的选择，你的选择构成你的一生。”

我觉得这段话说得特别好，它近乎精准地描述了张越的人生经历。如果有人问我，我的生活会好吗?我会请他/她多读几遍上面这段话。

韩小红：向死而生

不 能 被 克 服 的 死 亡， 可 以 选 择 勇 敢 面 对

韩小红，1967年6月出生于北京的一个医学世家。1997年北京医科大学硕士毕业，任解放军301总医院肿瘤内科医师。1999年赴德国海德堡大学攻读医学博士。学成归国后，韩小红放弃公立医院肿瘤医师的“金饭碗”，开始自主创业。2002年，韩小红创办的慈铭体检正式开张，她也因此被媒体誉为“中国专业体检行业的开拓者和领军人之一”。

然而，命运在此时却与从事健康事业的韩小红开了一个荒谬的玩笑。先是父亲被确诊为肝癌晚期，紧接着韩小红自己也被诊断出患有中期胃癌，医生告诉她她最多只剩下两三年的时间。韩

小红为自己定下了明确的人生目标，开始与时间赛跑。她说那3年是她生命中最充实的日子，甚至没有时间为自己悲伤。

12年过去了，韩小红依然健康，她的事业也蒸蒸日上。不久前，美年健康收购慈铭体检尘埃落定，“退居三线”的韩小红找到了自己的新使命，开启了新的生命历程。同时，那些关于死亡和患病的经历，带给她面对生命时更加深刻的感悟。

患癌后我立下三个目标

毕啸南：你有一段非常戏剧性的经历，就是你自己是做健康体检行业的，但是却在创业过程中与父亲先后检查出了癌症，曾经离死亡只有一线之隔。

韩小红：很多人认为这是我编出来的故事。

当时我的第一反应是——得病的不是我。因为和我一起查体的还有一个高管，我的第一反应是我们俩的片子被弄混了，因为她比我瘦，比我更不爱吃饭，精气神也不如我足。所以当时医生说我得癌，而她没事的时候，我就觉得是把我们俩搞错了。事实上她后来也说，她听到消息后也觉得弄错了，是她，不是我有癌症。

但我的第二反应是弄错的可能性不大，应该还是我，所以我马上去确诊，结果（查）出来是中期的胃印戒细胞癌。

确诊之后我反而冷静下来，这跟我的职业生涯有关系。我原来是肿瘤科医生，见过很多这样的病人。我先给一个专家打电话，我问他像我这样的胃印戒细胞癌，发现得很早，临床活得最久的是多长？他说没有超过两年的。而我的临床经验是没有超过一年的。

放下电话，我想我会比别人幸运，我应该是 3 年。第三天我安排了手术，在那之前忙碌着处理各种事情，人是比较镇定的。但那时候我的压力其实很大，父亲也正好生病，企业的事情也令人焦头烂额，一会儿是店铺着火，一会儿是 SARS，都是灾难性的事件。

毕啸南：你会觉得老天不公平吗?

韩小红：没有。当时就觉得必须活下去，多活几年，我还有好多事要干。一是企业，我当时有四家店，我要多活两年选出职业经理人，让它发展下去。二是女儿，当时她 16 岁，我想亲眼看着她上大学。最后就是父亲，他当时被查出癌症晚期。那个时候最痛苦的其实是我父亲，因为他被发现患病的时候已经非常晚了，生存期只有一年。在这种情况下我没有理由倒下，我必须把父亲陪完。如果这些事情我都做到，就算3年后离世，我觉得也可以了。

实际上到了第三年，所有的事情都实现了。女儿顺利地上了大学，企业也发展得更好了，然后父亲也安宁地走了。现在我觉得那3年过得特别丰富，有的时候会觉得人在面对这些事情的时候，不会觉得有多苦，反正已经到底了，坚持下来就好。

在治病期间，我一直坚持工作，化疗期间还坚持每周跟高管见面。因为四家店都是我亲力亲为建起来的，每个环节我都很清楚，谁也替代不了我，所以我要求高管到我这儿来汇报工作，然后我提出指导建议。

毕啸南： 压力太大。

韩小红： 肯定累，创业那3年几乎处在一个窒息的状态，感觉四面都是墙壁。其实父亲确诊的前半年，我几乎是撕心裂肺地度过，等到我自己得病，反而终于有了时间可以陪伴他。

我做化疗的时候还特别让医院把自己跟父亲安排在一个病房。我跟父亲说我是胃溃疡，他不知道我输的是什么液。等到我做了胃切除手术，全身上下都是管子，他来看我的时候就已经有所领悟，当时也难以自控。

我就告诉他，我说爸爸我跟你不一样，我说你的病是不能手术的，我还有手术的机会。我觉得必须告诉他真相了，因为他只有不到半年的时间，我希望他知道。我说咱俩阶段不一样，我的切完就没了，你的那个东西还在身上，所以还（要）不断用药。我不知道是不是把他忽悠住了。后来我们俩在病房里，他几次跟我讲曾经最放心的女儿，反而成了最放心不下的人。

父亲成了我最大的遗憾。

毕啸南：在我看来你做得已经非常好了，为什么你会认为父亲是你最大的遗憾?

韩小红：可能就是这份父母之爱吧。当你的人生阅历越来越多的时候，你会发现其实这个世界上最无私的爱就是爸爸妈妈的。他在世的时候我没有时间去陪伴，等到有时间（时）已经是最后的几个月，所以会觉得真的非常遗憾。

父亲在他最后的时间里跟我说了他的很多愿望，他说他想看世界杯，想去某个国家看看。可能他不知道，这些话对我来讲都成了无法弥补的遗憾。

父亲最后的骨性疼痛到了酷刑的程度，大量的止痛药会减少他的生存期，但可以改善他的生活。所以我当时做了决定，选择用大剂量的止痛药，让他能够不再疼痛。我觉得父亲给了我极大的支持，我把所有的心思都放在他的身上，这也让我完全忘掉了自己身上的痛。这就是人生必须面对的事情。

毕啸南：但是我愿意反过来看，还有一种无私的爱，是儿女之爱。你患病期间的这个经历就给我这种感觉。一个面临死亡风险的人，一个本身也在承受病痛的人，在思考问题的时候把父母放在第一位，很多人会觉得这很正常，但这种情感是了不起的。因为父母对儿女的爱有遗传基因、身体激素分泌等现在可以用科学来解释的原因，是有理由的。

但是成年儿女对父母的爱，则完全是一种情感的反哺。如果我们仔细分析，这背后的内容非常丰富。但有一点是可以肯定的，就是这样的子女都分享共同的道德基础，这和他们后天的教育和成长结果息息相关。所以我听你的故事，一方面非常受感动，但另一方面也在思考，你的行动背后的道德立场和价值取向如何能够传递给更多人。

对了，你立遗嘱了吗?

韩小红：没有。那时候我觉得自己没有什么财富，唯一想的是怎么再创造一些价值，为家人、为孩子、为父亲。你发现三件事都跟亲情有关，其实到了生命的最后阶段基本上都是在为身边最亲密的人做事。如果我立遗嘱，肯定也是为家人。

我想重新放大自己女性的一面

毕啸南：你出院到现在已经 12 年了，现在算是完全康复了吗?

韩小红：一般来说如果过去 5 年，基本上这个人 99% 就活下去了，我觉得几乎没有问题了。

其实癌症本身是一种免疫系统疾病。人体的免疫状态好，其实就是说心态要好，情绪要好。我觉得可能正因为给自己制订了很清晰的目标，坚持往前走，并且在这个过程中保持了良好的心态，让我的免疫状态很好，即使身上还有一些癌细胞或者发生病变的可能性，也在这个免疫平衡的过程中被克服了。其实对所有的事情来说，心态都是第一位的。

毕啸南：我觉得有三种死亡，一种遥远而抽象，比如英雄的离去或美人迟暮，我们处在一种观看者的角度，更多从审美意义上去解读和认知生死；另一种近在咫尺而具体，像是亲人的离去，其实是一部分的自我跟着同时死去；而第三种则是自我的死亡。

可以说，这三种死亡你都有所经历和体会。你现在对死亡的态度是怎样的?

韩小红：我觉得人在不同的生命阶段，面对死亡的态度可能是不一样的。在我患病的 3 年里，虽然觉得自己面临着死亡，但那是向死而生的阶段，反而没有压力，也没有困惑。我觉得如果哪天死亡发生了，对我来说是一种解脱。反而到了现在，我倒觉得我有点儿怕了，有点儿贪生了。

我觉得恐惧死亡是人的天性，你的生活状态越好，你就会越热爱生活。于是生活得越是淋漓尽致的人，越是害怕死亡，因为状态太好了。

毕啸南：他不应该活得更通透了吗?

韩小红：那是另外一个阶段，上升到了你已经看透生死的阶段，但这个境界大部分人没有。大部分的人就是想要好好活着，并没有到把生死看透的程度。其实大部分人是怕死的，只是不愿谈。

当然还有另外一种情况，就是处在巨大的压力之下，有困惑，甚至是绝望，这种人也是不怕死的，他会觉得总算结束了，而且有一种合理的理由结束它。我之前的人生就是这样。

毕啸南：一般人只看见你永远光彩照人的一面，想不到你也是曾被生活逼到绝境的人。

韩小红：但那种状态下没有觉得那么苦，苦是别人的感受。当你能够放下生死，内心会是很安静的。如果放不下，你也不会觉得活着是多么愉悦的事情。一切都是辩证和平衡的。

我所做的事情就是为了让人们能更好地活着，活得更长、更健康。而这最终是为了让更多人能够有机会体验不同的人生，其实每个人都是多面的。

我上半生的这些经历和体验，把我自己变得比较粗糙了，比较男性化，当然也培养了我坚强果敢的一面。

毕啸南：你打破了人们对女性企业家的一种想象，就是依靠女性的敏感和柔情在男权社会中进行博弈，找到一个位置。

韩小红：一开始或许可以，可是时间久了根本不可能。当然如果拿捏得好，会有加分，但大部分时间需要使用的不是你敏感的神经，而是粗线条的神经。因为你要面对很多事情，如果敏感会纠结死的，一定要从敏感中走出来。你要想的是格局、境界、局面、控制、平衡，要上升到另外一个高度去理性地俯视所有的事情。如果长期训练，还可以上到更高的高度，而女性的东西就会变得越来越少。我现在已经退居三线，我想再慢慢去放大女性的那一面。一是因为年龄到了，另外只有这样的放大，才能更好地发挥和互补那些在前台拼搏的人的能力。

我开始变得柔软，这是自我的调整。

慈铭之后我有新的目标

毕啸南： 在美年健康收购慈铭体检之后，你的人生迎来新的转折期，对此你的感受是什么？你为什么会做这个决定？

韩小红： 在这个过程当中，我一直害怕自己会后悔。毕竟慈铭是我从零开始一手创建起来的，而且以此带动了中国健康体检行业的整体发展。这就像你把自己亲手带大的孩子送给别人，虽然决定是决绝的，但是在推动公司整体并购的 3 年中我一直在品味自己的心情，想知道自己会不会后悔。到今天应该说是有一定遗憾的，因为毕竟你失去了自己（对）公司的控制权，但是也并不后悔。

慈铭能够成功，我身上的平衡能力比较关键。很多时候为人处世是一个对分寸的把握能力，多多少少是一种直觉和综合的悟性，只可意会，不可言传。

并购的原因很复杂。我们走了 5 年的上市路程，从 2009 年就开始起步申报，一直到 2014 年，跟着我们的投资者最短的 6 年，最长的 11 年，其实已经等不及了。因为一直没有上市，也一直没有再融资，最后出于各种原因和压力就这么做了。

毕啸南：这应该是一种嫁女儿的心情，希望她更幸福、更好。

韩小红：是这样的。我选择美年就是相信它能把慈铭做大，相信它能善待慈铭的员工。创立慈铭（在）最初是巨大的挑战。如果现在回头让我选择，我可能不会走这条路，因为没有想到会面对那么多的困难。但到最后，慈铭其实成为（了）中国体检行业的一个招牌，所以我现在也想自己不要在这个公司里占有太多股份，这样也能给别人空间，给收购团队建立自信。

毕啸南：是你真实的想法?

韩小红：是我真实的想法。可能这还是我第一次说出来。如果我的股份比较高，那么我的影响力依然会比较大，两个团队都会因此感到尴尬，关系会比较拧巴。虽然我在慈铭的身份还是总裁，而且未来上市以后，我还是有自己的位置，但是总体来讲，在管理上我是退居三线了。

毕啸南：你算是很清醒的。

韩小红：慈铭虽然做成了一个很大的产业，但是问题也很多。比如说，一年只能服务客户一次；客户的流失率很高；基本上以企业客户为主，缺乏散客。

体检这个行业，我们身在其中，看得非常清楚。我当初从国外回来，想打造的是一个区别于公立医院的个性化、精细化、有品质的医疗服务机构，结果最终做出来的是比较粗糙、大众化的产品。

毕啸南：原因出在哪儿呢?

韩小红：我觉得行业的竞争模式有一定原因。在一定的发展阶段，那种为了赢得客户不计成本的竞争在各个行业可能都存在。尤其当你面对企业客户，有时候你可能只需要把企业关系搞好了，订单就来了。假如成本覆盖不了你的服务，那么服务质量就必然要下降，最终制造出粗糙的大众化产品。

但因为身处这个行业，我发现了一个很严重的问题，我发现现在几乎没什么“好人”（完全健康的人）。可能大家也都知道，中国目前有上亿的高血压、糖尿病、脂肪肝、肥胖病人，你会发现100个人当中有五六十人都是慢性病的病人。这些慢性病如果想要得到真正的治疗和调理，而不仅仅是把它们查出来，那就要走慢性病健康管理这条路，这就是最近3年我坚定的方向。我创办了四五家这样的公司，现在已经真正走向规模化，慢慢开始有了发展的势头。

这当中主要有两个部分。第一部分是在线私人医生服务，利用目前互联网和先进的技术手段，比如云计算、大数据、人工智能等，来解决慢性病管理的问题，提供检后咨询、诊断、就医服务、健康教育、个性化运动饮食方案。我希望能通过这种健康管理的方法，让慢性病病人随时得到诊治，降低发病率，早一点儿走出疾病的状态。

第二部分，鉴于我们国家现在在引进国外产品和技术方面的步伐较慢，一般的引进至少要5到10年的时间，导致我们在有些领域落后国外十几年。现在有了医疗先行示范区，第一个试点在海南博鳌乐城，我们要在那里建医院，从那里把国外最先进的技术直接转化到那个平台上。

毕啸南：从创业者到企业家的转变是什么?

韩小红：我原来是冲在一线的，特别喜欢干一些具体的工作。比如说我以前直接在书架上摆书，现在不得不站在旁边指挥别人去摆，这个调整对我也是很难的。过去上上下下我都管，现在自己被定格在某一个状态，束缚我自己的手脚，甚至有的时候我干脆放空，不看、不听、不想。但因为没有那么忙碌了，有时候会有很空的感觉。

女企业家不能再把自己当作女人

毕啸南： 你丈夫跟你相处得还不错吧？在这样一个相处过程中，有没有什么经验和感受？

韩小红：（我）丈夫和我的价值观是一致的，我们追求的东西是一致的。但我觉得可能更多的是运气吧，找到了一个能跟你匹配、能宽容和包容你的丈夫。如果说让我从高强度、高压力的工作中回到家里，需要转变姿态，变得小鸟依人，其实很难做到。有时候我会把在员工面前没有发出去的负面的东西带回家，就只能发泄到丈夫身上。所以说回到家里的我身上没有太多的改变，主要还是家人都习惯了我的这种状态。

现在我的生活方式在发生变化，但是在创业的那 15 年，我回到家里是不做家务的，等着别人把饭菜弄好，剩下的时间基本上就是躺在床上。他们看到我在工作上专注拼搏的状态，也觉得欣慰。

我老公一个最大的特点就是听不见，就是你说啥都行，他就当没发生，这是他的智慧。搞得每次我都觉得自己挺没趣的，折腾半天人家也没反应，这就是我们相处的模式。

毕啸南：对于一个女企业家而言，最大的困难是什么？

韩小红：对我而言是体力和精力。当一名女性决定创业，可能你就不能再把自己当作女性了，你不能想着自己的性别——我觉得创业和女性所具有的特质完全是相逆的。女性本身是温柔的，甚至是柔弱的，当然还有韧性，但在实际创业过程中温柔和柔弱是根本不可以的。

创业是辛苦的，是筋疲力尽的，甚至困苦和灾难会接踵而来，需要你有极强的忍耐力、极强的韧性。你自己会觉得自己的很多潜力都是在创业当中发现的，否则你不知道自己是谁，你要不断地挖掘自己的潜力，否则结果一定是半途而废。对我而言，就是在困难面前迎难而上。我在创业过程中碰到过很多特别大的问题，资金链的问题、政策的问题、人际交往的问题、团队建设的问题，当然也有健康的问题。我从没想过自己可以那样坚强，有那样的潜力，到最后你发现熬过来了，甚至没有（掉）眼泪。

毕啸南：那你怎么教育自己的女儿，会希望她像你一样吗?

韩小红：除了快乐健康，我对她唯一的要求就是独立。因为现在的小孩条件太好了，很难独立起来。如果从小没有这种培养，可能她的未来会比较难过。所以我女儿其实受了很多苦。今年有四所美国的名校想要录取她，但这个过程中我没有对她有额外的帮助。很多中国家庭的传统观念都认为女孩应该富养，但这并不意味着在性格培养上也要如此。因为我们每一个人最终都要走向社会，要独立处理很多事情，如果不能独立，活起来是很苦的。

毕啸南：但这样会不会培养了一种相对严苛的母女关系，让她感到缺乏安全感和被爱的感觉?

韩小红：是的。事实上在同学当中，她会发现我可能是最冷、陪女儿时间最短的母亲。在她看来，可能获得的母爱也相对少一些。可是当她长大后，走到我今天这个年纪的时候，我觉得她会理解和明白我。

啸南说

不能被克服的死亡，可以勇敢地面对

我和韩小红共处微信朋友圈有一两年了吧，记得是花椒直播的前 CEO 胡震生介绍认识的。之前我听过她很多励志的故事，但因为各自都忙，也没有太多交集。直到我策划《女性领袖人物》，才给小红姐发微信，大概介绍了一些想法，然后我约定了一个时间去慈铭拜访。

正值美年健康收购慈铭体检的事情刚刚尘埃落定，韩小红正在为大健康产业整合后的新使命进行筹备，准备开启自己新的生命航程。她说现在找她时间刚刚好，因为在此之前她还不方便在媒体前多说话。没见面之前，我看了一些资料，尤其是她之前参加的电视节目，感觉人特别温柔，带着些坚韧。等到真正见面，我才发现她是真的坚韧，坐在那里一副霸道女总裁的样子。

不知道是不是觉得我年轻，她还先问了我一些问题，接着聊下去，我们谈了很多话题。当谈到她父母时，两行眼泪突然就从她的眼眶中滚落下来，我感到惊讶，但也能感受到这眼泪背后的复杂情绪，于是就安静地陪着。她说：“你让我哭一会儿吧。”我说：“好。”

后来我得知，韩小红那段时间的状态非常不好，有比较严重的抑郁倾向。其实关于自己的抑郁问题，她在访谈中也做了很多分享，但是我思前想后还是没有把这些内容放到播出剪辑里，包括她流泪的镜头，也只是点到为止。

节目播出后小红姐特意发来了感谢信息，说当天状态不好，希望未来还有聊天的机会。我理解，那种真情流露，其实也是一种情绪的放松。但从我的角度来看，可能觉得一位女性企业家还是应该尽量少地展现自己软弱或者感情脆弱的一面，毕竟她面对的世界并不温情。节目录制后不久，我看小红姐开始参加各种登山、旅行、会老友等活动，一扫见面那天的阴霾，浑身充满了活力，也衷心地为她感到高兴。

有一段时间我一直在思考，韩小红这期专访能够给那些类似的身处绝境的人带去一丝光亮吗？一个事业的开拓者，忽然遭遇了自己和家人同时患癌的噩运，韩小红面对的艰难是外人难以想象的。而她选择的应对方式特别温柔和勇敢，温柔的是她把父亲放在自己前面，勇敢的是她让父亲每天在病房看见自己。我有种错觉，仿佛这种戏剧性的场面应该只在小说中才存在：一个面临死亡威胁的人，把注意力放在另一个人身上，并且要时刻注意掩饰自己的处境。

我在对话中说过一段话，我愿意在这里重复一遍："一个面临死亡风险的人，一个本身也在承受病痛的人，在思考问题的时候把父母放在第一位，很多人会觉得这很正常，但这种情感是了不起的。因为父母对儿女的爱有遗传基因、身体激素分泌等现在可以用科学来解释的原因，是有理由的。但是成年儿女对父母的爱，则完全是一种情感的反哺。……这背后的内容非常丰富。但有一点是可以肯定的，就是这样的子女都分享共同的道德基础，这和他们后天的教育和成长结果息息相关。所以我听你的故事，一方面非常受感动，但另一方面也在思考，你的行动背后的道德立场和价值取向如何能够传递给更多人。"

什么是我所谓的共同的道德基础?

是对生命有更深刻的理解，超出了自我的限度，进而扩展到更大的范围。按照流行的说法，就是不要成为一个"原子化"的个人，而是为个人与家庭、社会、宇宙的关联赋予真价值，也就是说，生命的价值，在（肉体的和个人欲望的）自我之外。

有一种说法，每个人在青少年时期都会或多或少想象死亡，想象一个没有自己存在的世界的模样。这番思考是一个人从青涩迈向成熟的必经之路，这番思考同时也是非常痛苦，甚至危险的。

如果一个人极度恐惧死亡，他就很可能选择"好死不如赖活"的信条；如果一个人相信死亡后还有生命的意义，他可能会拥抱宗教信仰；如果一个人接纳了死亡的必然性，他可能会投身于他认定的具有超越意义的事业，也可能滑入生命虚无的幽暗深处……但无论如何，这番思考必然会发生，而我们每个人未来的生命观、价值观都会依此建筑。

死亡可能带来荒谬感，这是作家加缪已经论证过的。生存比死亡需要更多理由，韩小红与死亡的多次交手，令我相信她拥有自己的理由。

袁明：认命，不认命

当一个人说自己认命的时候，其实是不认命的

袁明，1945年出生于上海，1962年进入北京大学西语系英语专业学习，毕业后有将近9年时间在陕西偏远地区做中学教师。“文化大革命”结束后，袁明再度进入北京大学法律系攻读国际法专业研究生，1982年获法学硕士学位，留校任教。历任北京大学国际关系学院副院长，国际关系研究所所长，现为北京大学燕京学堂院长。

自1985年以来，袁明教授发起并组织了一系列诸如“中美关系史”“中国国际关系学科发展”等有广泛影响的国际学术会议，她还是达沃斯世界经济论坛、欧美日三边委员会、博鳌论坛等很

多重要的国际论坛的演讲嘉宾，向世界传递着中国的声音。

站在历史新时期，面对中国的未来，袁明抱有充分的乐观。她认为近百年来的中国文化一直走在中西平衡的道路上，未来的中国文化必将在人类文化进程中扮演越来越重要的角色。

袁明与丈夫韩启德跨越60年的爱情故事真挚而感人。在20多年的时间里，为了跨越遥远的距离，鸿雁传书成为他们唯一的交流方式。时至今日，袁明依然能清晰地记起接到每一封书信时的激动和欢喜，并将这种方式延续下来，继续不断地用文字倾诉内心深厚的情感。

面对自己这一代知识分子和普通人所遭受的人生境遇，如何看待历史造成的命运与自我奋斗的关系，袁明有自己的答案。

在北大学英语是命运的安排

毕啸南： 家庭对于你的职业选择有什么样的影响？

袁明： 我想每个人的家庭环境各有不同。因为父母工作很忙，我从3个月大到17岁都跟着外祖父母在上海度过。

外祖父是一个电气工程师，在他年轻的时候利用勤工俭学去德国学习。20 世纪 50 年代，外祖父给我买了很多民间故事的书，鉴于当时的国际环境，这些书大都是关于俄罗斯、波兰、匈牙利和一些北欧国家。除了看书，外祖父还会摊开世界地图，跟我详细讲述他年轻时如何从上海出发，经满洲里、西伯利亚，最后抵达柏林的故事，以及“一战”爆发前，他经埃及，过红海、印度洋、孟买，最后回到上海的经过。我觉得很奇妙，虽然他的故事我懵懵懂懂无法进入，但世界被展开了，这一点确实刻骨铭心。尤其是现在回想（起来），真的太美妙（了）。

毕啸南：你跟北大的关系，事实上也是有好几段缘分的。

袁明：我是 1962 年考到北大的，先做学生，后当老师，在这里一待就是 55 年，现在想起来也挺奇妙。报考北大其实也是外公帮我做的选择，我原来第一志愿填的是复旦大学新闻系。但外公觉得我应该学习外语，就建议我到北大读西语系，于是我在报志愿的前半个小时改了志愿。

那时候西语系包括英文、法文、德文、西班牙文等语种。我中学时英文读得不错。但是到了北大说要学英语，我就不干了。因为那时我觉得英语是美帝国主义的语言，正好那时候古巴革命，我觉得要学就学西班牙语，将来支持卡斯特罗。这就是那个年纪的思维方式。于是我申请转学西班牙语，后来系里说西班牙语的老师太少，3 年才能招一批，我这一年没轮上。我就提出转到中文系。不过那时候北大中文系是最牛的，我的成绩不够，最终还是只好学英文。当然西语系的老师也是非常优秀的，让我遇到了冯至、朱光潜、杨周翰、俞大絪、李赋宁、吴达元这些先生，想想也是一种命运的安排。

毕啸南：后来你们这一代人应该经历了一系列政治运动，这些经历对你个人的命运有什么样的影响?

袁明：我们那个时候本科是 5 年，差不多到大四的时候，“文化大革命”全面开始了。北大处于运动的风口浪尖之上。我觉得个人在大时代里能做的事情很少，只好跟着大潮去经历。那个过程现在想起来非常沉重，现在回忆起来，当时并不认为走到了世界尽头，总觉得个人可以跟着时代走。

真的什么都变了。那个时候整个校园完全是无序的，学生都不学习，老师也都不上课。我当时才 21 岁，心理上没有依靠，无所适从，不知道该怎么办。到了 1968 年，分配我去唐山一个部队农场。因为听说那时候周恩来有个指示，由于中国要进联合国了，要把学外语的人全部储备起来。

毕啸南：你外公当初真是把握住了时代的脉搏。

袁明：我觉得他给我指点的时候不会想到这些。但他那一代人会从早年的亲身经历去思考中国和世界的关系，坦然地面对世界。

我在唐山待了两年零三个月，这个分配是计划外的。我们这些外语生到了唐山，整个编制都是按照部队的形式来制定的，所以现在我对部队还有一份感情。那时候我们每天除了劳动，为了不荒废外语，还要读一个小时的英文版《毛主席语录》。这是一个很特殊的人生历练。

离开唐山之后，有很多部门来挑人，我被挑到了铁道部。在铁道部的一个大院招待所里和许多学外语的人一起等待分配，很多人都想去北京或者上海，我说我去西安铁路局，因为我的男朋友那时候在陕西临潼武屯人民公社卫生院。当时我的手续是办得最快的，5 分钟就办完了。

我们这代人有一种韧性

毕啸南：你也算是为爱情奋不顾身了一次。

袁明：我记得铁道部办理手续的人给了我一个非常大的笑脸，因为我帮他们解决了一个难题。临潼有一个铁路中学，从 1970 年底直到 1979 年，我在那儿教了 8 年书。那时我的学生就比我小七八岁，我就像个大姐姐一样天天跟他们一块儿玩。

但是我也觉得不甘心，我教的内容和我在北大学的内容距离太大。这种失落不断地浮出来，然后自己控制住，觉得现在的工作也是一种需要。我记得有一位陕西师大中文系毕业的姓刘的语文教师，比我大十多岁，有一次他对我说：认命吧。他自己是认命了。但我当时不假思索地说天生我材必有用，把自己都吓（了）一跳。这句话一说出来我可以看到他脸上的那个表情。也许就是在那个时刻，我开始了一种自我提醒。

那时候我和男友已经结婚，丈夫和我其实隔得很远。他在渭河北边，我在渭河南边，我在县城，他在底层的地方，他每个月骑车来看我一次，单程要将近 3 个小时的时间，中间还要乘渡船过河。平时我们就是写信，那种盼望和收到信后的阅读是一种强烈的幸福感。我们之间的爱情也成为我很重要的精神支柱，后来我们的孩子也出生在这片黄土地上。

回想那一段岁月，我依然感到充实饱满。虽然我们各自都要工作，家庭的经济条件也很困难，但是我觉得自己长进了很多。比如说怀孕的时候，需要补充营养，但为了省钱，我跟着老乡学杀鸡，现在还记得总共吃了 13 只鸡，都是我亲手杀的。

毕啸南：我认为“认命”这个词很关键，不说你的那个时代，即便是在今天，很多人最终都在生活中选择了认命，郁郁不得志。“认命”这两个字背后的含义是什么？怎样才能做到不认命？

袁明：我觉得当一个人说他认命的时候，其实是不认命的，他的内心一定有种矛盾。但因为时代比人强，认命又可能是一种常态。我父母那一代人，因为战争献出了他们最好的青春年华，他们分别从东北和上海在同一时期逃到了重庆，这是一个特别大的安排。这会让人产生认命的想法，但也有不认命的人，等到战争结束后就去寻找自己想要做的事情。认命就是把内心的潜能压抑起来，但反过来说，如果不认命是盲目地行动，那也是不行的，关键是要看清楚自己的位置，知道自己能做些什么。

毕啸南：但在那么艰苦的环境下，其实我相信不仅仅是你，还有很多人都没有选择自怨自艾和放弃。但我有种感觉，今天的人似乎没有那种韧性了。顺着这个逻辑去看，这种韧性其实代表了那一两代人的某种历史共性。其中今天已经有很多人在进行有关的回顾和总结。

简单来说，那段时间造就了一批理想主义者——我们先不说这个理想是不是合理，是不是太虚幻——他们把自己的命运和国家，甚至世界的命运紧紧联系在一起。就这样，生活有了明确的目标，也就有了动力的来源。而在此前提下，这些来自五湖四海的人，即便在第一次见面的时候也拥有了彼此共同的语言，以至于到后来发展成一套完整的符号。而这一部分，后来的中国人已经很少乃至没有了。当然，历史不能这样比较。我这里也不涉及褒贬的评判。

袁明：你说得对，确实有很多人做得比我好得多。我也赞成你的判断，现在和从前已经是很不一样的两个时代。大概来说，我年轻时生活在一个有价值观的时代——不管你怎么来评价那种价值观，如何分析它的根基。我们那时候称之为人生观、世界观，都有很明确的答案，我觉得那是一种家国情怀。

20 世纪 50 年代的时候，我家订了《人民日报》，家里没有报纸的同学会借我的报纸去看。因为研究国际关系，我去了世界上很多地方，跟不同的人交谈，我觉得现在全世界面临价值观失范的问题，就是人类生活的意义是什么失去了答案。这是个世界现象，比如虽然美国是使用“价值观”这个词最多的国家，但它是不是把这个问题想透了？我是很怀疑的。我觉得这种价值观失范跟物质生活的高度发展，跟经济的全球化、互通互联也有一定的关系。因为通过全球化大家忽然发觉原来这个世界是如此的纷繁复杂。从美好的一方面看这是多姿多彩，但是从另一方面看，人们不禁要问“我是谁？”“我们是谁？”而我们受到的传统的价值观教育，还停留在之前旧的，而且我相信绝对不会重复的时代，因此人们被迫重新寻找精神皈依。历史在不断前进中发展，这不是一个人或者一个少数群体能够控制的，所以现在国际关系复杂就复杂在这些地方。那些在国际上有强势话语权的国家，对这个问题的理解还是很不够的。

毕啸南：后来因为恢复研究生考试你又回到了北大，然后一直待到现在。现在的北大和之前有什么不同？

袁明：对，不过我没有再继读学英语，而（是）选择了国际法与国际关系。我先生考到了西安医科大学。当时有一位极好的老师卢兴教授招收心血管方面的研究生。

和之前相比，我觉得现在北大的人实在太多了，校园太拥挤了。我读本科的时候，北大校园的路上都没有什么人，当然更没有车。过去教我的北大老师很多都有一种优雅高贵的气质和神韵，这样的人在今天的北大里当然还有，但是少多了。许多人都显得匆忙、累、不放松。一个老师只有彻底放松，才能有授课的耐心。现在我尽量要求自己做到耐心，但确实很难，有那么多论文要看、那么多事情要做。

在我的心目中，北大应该有一种精神高度，能够代表中国人的精神高度。在这样的环境里你会感到很美好、舒服，内心饱满，觉得安心，北大精神呼唤人对生命理想的追求。就像前面说的，不认命。

从我到北京上研究生开始，我和丈夫分开了8年，3年研究生，研究生毕业后，我先去美国两年，等我回来他又去了美国。这期间我们的联系还是靠通信。

我的爱情用言语无法表达

毕啸南：你们什么时候谈的恋爱?

袁明：我们初中、高中6年都是同学，他一直是班长，但我们从来不说话。因为那个时候男女同学不说话，都想着要好好念书，整个环境就是那样。但是我们有时候要一起合作，比如说写墙报，用我的文章，他来写字。

毕啸南：你们通了一辈子的信。

袁明：是的，很多表达都写在信纸里了。不过有些话，当面可能也不会说出来。我们从没有说过“我爱你”这三个字，好像这三个字不能表达我们的情感，太简单，而写出来好像能够表达得更细腻。

毕啸南：你谈到丈夫的时候，从内心向外散发出一种美好。你怎么评价他呢？你好像很崇拜他的样子。

袁明：他在黄土高原（待了）10年，比我早两年去的。我在那里第一眼看见他时，他正蹲在公社卫生院门口的地上，拿着一个巨大的粗糙的碗吃糊糊。当时我的眼泪就流出来了，想起他在上海的妈妈做菜特别好。但是他告诉我说自己特别愉快。在这一点上我们是有区别的，我是不甘心，但他特别甘心，因为他说自己总算可以给人看病了。他觉得在上海尤其是“文化大革命”最后两年太压抑，学医但是不能给人看病，现在到了陕西不一样了。他为了医治一个患有肺炎的新生儿，会用嘴把孩子的脏痰吸出来。由此他也赢得了当地人的尊敬，比如卖肉师傅每次都会把最好的肉切给他。

后来他看陈忠实的《白鹿原》，会跟我说《白鹿原》太伟大了，写出了中国文化的根。对于他的想法，哪怕是我无法达到的，我确实也是怀着一种认同感。比如他在美国做访问学者的时候，我一个人在北京带孩子不容易，会写信向他抱怨。他在回信里会说，作为一个男人，他特别有愧，因为这些事都应该是家里男人做的。

我看到回信以后，就想我干吗跟他说这些事情啊。

毕啸南：婚姻是不是保持适当的距离才有美感?

袁明：我们不是要刻意保持距离，但是距离产生美有一定的道理。就是两个生命要彼此独立。但这确实很难，有时候两个生命太独立了感情也就会淡了。

我们这一代人有我们特殊的经历，最近有部电视剧叫《我的前半生》，里面人物的前半生一直被时代的洪流不停地打碎，逼到一个角落，然后她的后半生又被世界不停地拥抱。

2010 年 7 月我先生过生日的时候，我为他写了一首诗：

让精神的天空撒满繁星

基因传承，化育生命。
茫茫人海，感受知音。
我问：人生何求?
他说：精神的自由和愉悦。
我问：知音何寻?
他说：心灵的相通与共鸣。

浩瀚宇宙，何色何音?
心灵相通，何古何今?
优美音符穿越欧陆华夏，古意今韵。
一笔一纸舞动美的空灵，亦庄亦鞶。

精神天空，无际无垠。
心灵化界，如虹如云。
问苍穹大地，
还有多少信息未达? 暗码未破? 遗踪未寻?
君不见，今人难解古人问:
“江畔何人初见月，江月何年初照人?”

生命奇妙，奇妙生命。
精神天梯，携手攀登。
邀好友，唤高朋，
举美酒，度良辰。
欲往云端留明月，
让精神的天空撒满繁星。

写于2010年7月盛夏

外交归根结底是人和人的交往

毕啸南：你的专业是公共外交，这些年全世界包括中国都有很优秀的女外交家，比如吴仪和傅莹，你们既是同事，也是朋友。

袁明：我特别高兴，你提到她们两位的名字，立刻就唤起了我内心的美好感。吴仪的古诗词很好，一些经典的诗词信手拈来。她那种泰然的气度甚至可以说已经和她内化为一体了。

比如说在中国入世谈判这样艰难的外交过程中，我觉得深层的中国文化一直在支撑着她，使她明快干练。而傅莹有一种女性与生俱来的敏感，令她非常会对不了解中国的国际人士讲述中国的故事。她从身边讲起，很具体生动，这些故事别人听得懂。我还收藏了一些她讲故事的案例，有时候拿出来看一看，向她学习。

我觉得女性从事外交工作，有独有的优势。除了传达国家意志，我觉得女性还有一种直觉，有时候和对方对视一下，或者稍稍说几句话就可以传递自己的想法，变成一种比较体贴的东西，实际上是消解人跟人之间的隔阂，打通人心。打通的基础是做好功课，然后在了解的基础上愿意倾听。

毕啸南：能不能说外交归根结底回归到了人跟人之间的交往？

袁明：当然是这样。就是要做到一个“诚”字，“诚恳”的“诚”。我从周恩来总理的身上看到的人格魅力就是诚。外交人员在国家层面谈一些大问题的时候，会遇到一些隔阂，比如意识形态、理念，当然会有不一样。但是如果双方都想交流，都带着诚恳的意愿，我就会变得更加诚恳，就会说得更多一点儿。

比如说 21 世纪初的南海撞机事件，那时候小布什政府刚刚上台，整个中美关系阴晴不定。我正好在华盛顿做访问学者，有机会去白宫见一个美方的总统国家安全事务助理。我们谈了半个小时，通过这次会谈，我认为自己了解到了美国人的底线。从他的表情、手势、言辞，我觉得一清二楚。回来后我就把会见情况和我的想法写给当时的副总理钱其琛。他当时是北大国际关系学院院长，提出中国外交有三条线：外交部是第一线；国际问题研究机构是第二线；大学是第三线。

毕啸南：源远流长的中华文明，在当下和在未来对世界究竟意味着什么呢？

袁明：中国人没有宗教，但是我们有祖先，有对祖先的敬意，这是深埋在每一个中国人血液里的。前几天我和北大法语系系主任董强老师随便聊天，他说了一句从“五四”运动以后，中国就开始了中西文化的平衡。这句话一般人听起来可能没什么感觉，但是我听起来却是振聋发聩。

这是个历史大事业，“五四”运动到现在有100多年了，中西文化的平衡还在进行，还没有完成。当时我就想，现在西方并没有做到平衡，我主要是指美国，当然也包括欧洲。这“平衡”二字，我特别有一种共鸣感，而中国走到今天，是不可逆转的。如果说“五四”以来我们已经开始了这个历程，已经开始了中西文化的平衡，就是要一方面守住自己，同时又扩展到一个更大的视野和思路里去。我感觉一些我接触到的西方知识精英肯定意识到了这一点，但是从他们的国家走向上来说，可能感觉还不是很明显。价值观的优越感意味着不平衡，这种不平衡我是不认同的。从我自己的专业实践里，我始终觉得“中庸”是非常重要的哲学理论。就是人也是如此，走极端肯定不行。

毕啸南：其实归根结底不仅是中国的，而是整个世界，整个人类的问题，开弓没有回头箭，不可能往回走。现在的关键是中国文明，或者说东方文明和西方文明在古老文明、在现代交往的过程中如何以及在多大程度上进行交融的问题。这个尺度和边界的把握，可能是我们这一代人共同面临的问题。

袁明：我 70 岁担任了北大燕京学堂的院长，这是一次文化和交流上的探索，结果会怎么样，会不会有结果我自己都不知道。这也是培养中西方交流的桥梁。

我觉得太需要桥梁了，因为自己做过桥梁的事，所以更知道桥梁的重要吧。我不知道我能做多久，因为毕竟到了这个年龄。

毕啸南：我相信你会一直做下去。

啸南说

坚固的事物经得起缓慢的考验

2013 年 4 月，我受台湾政治大学传播学院与外国语文学院的邀请赴政大做访问学者，当时的邀请人之一是时任台湾政治大学外国语文学院院长于乃明。于院长非常了不起，不仅创立了政治大学的日语系、韩语系等，还带领文学院取得了优异的成绩。所以后来只要是她到北京，我都尽量陪同。

2015 年于乃明教授到北京大学交流，陪同她一起认识了北京大学外国语学院宁琦院长，此后通过宁琦院长引荐认识了袁明教授。

那次见面，我们用了整整一下午听袁明教授讲解中国文明在世界版图中的地位与责任，一代知识分子的命运以及学者的底线与坚持。袁明身上散发出浓郁的“老北大”气质，让人总是情不自禁地在心底叹惋。

清华大学校长邱勇曾寄语清华毕业生：“希望你们在枝蔓丛生的世界里砥砺前行，心系远方，拥有一份属于自己的情怀。也许有人认为情怀是一种易碎的奢侈品，难以承载生活的重力。但是你们要记住，正是美好高尚的情怀决定了人生的高度。”

几次向袁明教授请教之后，“情怀”二字在她身上的分量便显现出来。不然便不能解释她在 70 岁的高龄依然同意接管燕京学堂。而与她同龄的老人，更多的恐怕早已经过上了含饴弄孙的晚年生活。

和袁明教授的专访聊了 3 个多小时，涉及了许多话题，比如她和家人在“文化大革命”期间的境遇、中美撞机事件幕后以及吴仪、傅莹等女性外交家的风采，等等。但最让我感佩，也是此次采访意外收获的是袁明老师与丈夫韩启德的爱情故事。

很难想象一位 72 岁的女性在谈起丈夫时还会露出如此甜蜜的笑脸，时光还没有冲刷掉这份爱情的光泽。这爱情是古典的——

明明只不过隔了几十年，却已经用上了这个词——因为在今天，这样缓慢、依赖等待和信任的爱情再难寻觅。她还特意带来了7年前她为丈夫生日所写的一首情诗，这份情义令人神往。

在对话中，我曾说“那段时间造就了一批理想主义者，他们把自己的命运和国家，甚至世界的命运紧紧联系在一起。就这样，生活有了明确的目标，也就有了动力的来源”。

这是袁明一代人的底色。这令我想起另外两位女性，一位是敦煌研究院的前院长樊锦诗，另一位是著名学者资中筠。

1938年7月，樊锦诗出生于北平。自1963年从北京大学毕业，她在敦煌研究所坚持工作了55年，被人称为“敦煌女儿”。茫茫大漠，孤星冷月，半个世纪的风沙将她的一头乌发吹成了白霜。樊锦诗曾说：“如果莫高窟被破坏了，那我就是历史的罪人。”

我致电樊老师，想邀请她做一期专访。聊着聊着，她忽然问我：“小南，你说人生的意义是什么呢？”没等我回答，她已经开始自问自答，“我活到80岁了，应该是活明白了。人啊，钱财、名利都是转头空，到头来就是你对不对得起自己，对不对得起这片土地。”

我问她：“您悲伤吗？”她回答：“悲伤。但我也是幸运的，能有机会守在敦煌。我这一辈子算是对得起自己，对得起祖宗了。”

另一位我原本想要邀请的嘉宾是学者资中筠先生。资先生1930年6月出生于上海，正是战火硝烟笼罩中华大地之时。

1951 年她从清华大学毕业，开始参与外交工作。直到近年，资先生依然笔耕不辍，点评时事，发表意见，被很多人视为中国知识分子的典范。

无论是袁明，还是樊锦诗、资中筠，这一代知识分子，特别是知识女性，即便具体的人生遭遇不同，但她们的理想立足点和度过的时代关口却是一样的。难能可贵的是，她们对过去有批判，对未来有建议，更有大多数年轻人所不具备的从历史纵深出发的思考视野，并往往比同龄的男性知识分子更加敢言。今天的中国处在蓬勃发展的新时代，我相信她们都敏锐地察觉到了，同时也未曾放弃自己的责任。

我给这篇“啸南说”起的标题叫作“坚固的事物经得起缓慢的考验”。正如上面所说，“坚固”是袁明这一代知识人给我留下的深刻印象，而我在“时间”和“缓慢”这两个词之间反复斟酌，想知道哪一个词更加准确，想知道更考验人类生活的究竟是“时间”还是“缓慢”？在我的定义中，时间意味着未来的不确定，缓慢意味着等待。这么看来，果然还是应该用“缓慢”，因为只有内心十分确定的才敢称作坚固的事物。

比如在西北生活的时候，袁明和丈夫常年依靠通信交流，信件在路上走得那么慢，这要求他们必须在文字上字斟句酌，要求他们提纯萃取自己情感的表达，所以他们从来不说“我爱你”，就像袁明说的，“这三个字不能表达我们的情感”。反观现代通信媒介的发达，这份便捷似乎已经大大稀释了我们的情感，让我们的表达越来越扁平化，甚至简化成为人人可用的表情图。

我们总愿意说，每个人的灵魂都独一无二，却不提防就会踏上网络时代的末路狂奔。这样速成的爱情，离坚固的距离恐怕要超过夜空中恒星与恒星之间的距离吧。

张欣：人生应去创造无限可能

无论在任何时代，知识都可以改变命运

张欣，1965年出生于北京，1979年随父母定居香港。成年后，张欣用打工5年攒下的钱，只身前往英国留学。1992年，张欣从英国剑桥大学发展经济学硕士毕业，随后进入高盛集团和美国华尔街投资银行任职。1994年，她在与大陆地产商潘石屹相识4天后闪婚。在这之后的20年里，这对地产界的明星夫妇共同开启了SOHO中国的地产传奇。

在中国历史上最大规模的城市化进程中，张欣和她的SOHO中国公司用一个个独特的建筑作品向人们充分展示了他们的艺术品质和商业天赋。从来没有学习过建筑的张欣却一直负责着

SOHO 中国项目的策划，她坚持创新的理念和对建筑美学的精准把握，让 SOHO 中国一次次刷新城市的天际线。

张欣说，人只有做自己内心最渴望做的事，才能做到最好。即便人到中年，也依然不能放弃理想，要不断追寻生命中的新动力。她的人生曾有过几次重要的转折，而之前良好教育打下的基础和在生活中不断学习的习惯始终是她战斗的武器，也逐渐成为她的人生信条。

最近几年，张欣把更多的精力投入到教育事业，设立了 SOHO 中国助学金，专门帮助那些家庭困难的中国留学生。她说自己当年就是得到了别人的帮助，才能完成在英国的学业，现在她要以更大的热情回馈社会，帮助有需要的年轻人追求他们的人生理想。

建筑是一个城市的文化符号

毕啸南：很多建筑商的作品会比较模式化，但是你的建筑作品几乎都是不重样的，千变万变。对于商人来说，这会不会是一件颇具挑战性的事情?

张欣：房产项目某方面的要求总是很具体的，比如需要多少平方米办公楼、多少平方米商场、多少平方米住宅，但是在这个具体要求之外，这些项目还是城市面貌的一部分。人们去北京、上海，最终得到的对城市的印象很大一部分来自他们看见的建筑。由于我们最初做房地产开发比较集中在北京和上海，这就迫使我们在这两个价位、品位比较高的城市里，提高对建筑艺术的要求。

我们去故宫、长城，会发现它们不仅仅是建筑物，还具有重要的历史遗传意义。这些建筑能够超越当下的时空，超越它们本身作为建筑物的使用需求，把文化和历史记忆传承下去。当我们理解到这一点之后，就确信我们盖的每一栋房子都应该有建筑上的追求。一旦进入了这种状态，一旦建筑者对建筑有了超越性追求的时候，那么每一个作品都将是独特的，你不能允许它是千屋一面的。

我们的一些项目会找好几个世界知名的设计师来做方案。我们会告诉他们说，你们之前的作品很好，我们相信你们有了不起的创造力和想象力，但是眼下这个项目，我们希望你们能够做出不同的设计，发挥出你们新的创造力。这也是很多设计师愿意跟我们合作的一个原因，因为我们为他们提供了很大的发挥空间，而不是简单地让他们自我重复。

毕啸南：你们一开始做房产行业的时候就有这种意识吗？还是说

这是一个逐渐发展的认识过程?

张欣：我们从 1995 年开始从事这个行业，到 2017 年已经有 22 年的时间。这 22 年的时间里，我自己对建筑的理解有了很大的提升，同时我们整个社会对建筑审美的重视和欣赏水平也有了很大的提升。我们的一件建筑作品如果被社会所接受、有人感兴趣、有媒体报道，那肯定还是会受到鼓舞的，于是也就越做越大胆、越做越超前。

对我来说，这个过程肯定不是那么容易，也（是）一路充满挑战。因为我不是学建筑出身——我以前是华尔街的。但是我一直都喜欢文化，那么当我从事房地产开发时，我就会关注建筑文化这一部分，很自然地就进入了状态。所以在公司业务中，除了融资、上市、发债这些属于我管理的一块，还有一块让我花费很多时间的就是建筑设计。我每天都要跟设计师一起工作。可以说，我们任何一个新产品的所有细节，都是我跟设计师共同工作的结果。不会说一个设计师来了，那就全靠你了，不是这样的。

而且我们挑选设计师本身的过程就很漫长。首先我要花很多时间去看展览，拜访各个设计师事务所，看有什么新作品，有没有新的设计师冒出来，从最开始到现在我一直坚持这么做。然后在这种深入了解的基础上才去邀请。然后我要跟他一起工作，选中具体的方案之后，真正工作（的）才算开始。

这是一个非常漫长的工作过程，有很多具体的设计、选材、施工等环节，每一个环节都需要我们参与进去。幸运的是，这么多年来跟我们合作的设计师都是很有创造力的。从我自己的角度来说，这是一个很有意思的群体，我也很享受跟这些充满艺术想象力的人在一起工作。

毕啸南：你觉得最难合作的设计师是谁？

张欣：最难合作，但也是合作最多、合作最好的是跟我成为好朋友的扎哈·哈迪德，很难过，她在 2016 年去世了。去年我在哈佛一个纪念扎哈·哈迪德的演讲中讲了我和她之间的故事，大家听了都很惊讶，就是我跟她的合作时间已经有 14 年之久。

其实我和她的第一次合作是失败的。那个时候她没有多少被实现的作品，但是很有天分。我觉得这么有天分的设计如果不被实现，只留在纸上就太可惜了，所以我就把她找来（了）。

她是一个很有性格的人，可能是我这辈子见过最有性格的人。首先她的气质不一样，穿着打扮与众不同，气场很足。她对自己坚持的事情非常顽固，你怎么都说服不了她。但恰好我也是这样的人，所以两个人在一起非常容易发生碰撞。

中国的房地产项目一旦启动，后面的速度是非常快的，但是早期她事务所的人不够用，特别是面对我们这种大项目，进度就容易跟不上。我记得很清楚，我和她去参加威尼斯双年展，在那里，我跟她大吵了一架。我说这个项目已经开始了这么长时间，你安排的人那么年轻，也没有什么工作经验，速度上不来，我不可能让工地的上千人坐着等你的图纸，你现在必须把手下能干的人派到中国来。她说这个人不行，那个人不行。我气得不得了，我说那你就别设计了，最后这个项目我们就分手了。

但是我心里一直有遗憾，觉得这么一个了不起的天才，居然没有在中国的大城市留下作品。隔了几年，她的事务所也壮大了，我在伦敦给她打了一个电话，我说我们应该试着再合作一次。这一次合作非常成功，建成的就是现在的银河 SOHO。从那之后，我们进入了密切合作的状态，连续好几个项目的竞标都是她的作品中标。到第四次中标的时候，连我们公司的首席建筑师都跟我说，这次绝对不能再是她了。我说人家的东西就是最好，除非你一开始就不邀请她，否则你不能因为人家老中标就不让人家中标吧。既然邀请了，你就不能有这种心态，那样以后她不会再来给你设计了，因为你下次再邀请的时候，她就觉得肯定不是我们。去年她突然去世走了，北京的丽泽 SOHO 成为我们合作的最后一个项目。

毕啸南：她走的时候你是什么心情?

张欣：她走前两星期我们在纽约见了一面，她约我去迈阿密待两个星期，但因为我在北京还有好多工作，所以拒绝了她的邀请。两周后的一天夜里，我突然收到她下属的电话，说她去世了。我非常震惊，脑袋发木，两个星期前见到她，（她）还是好好的一个人，怎么就……

后来我去参加她在伦敦的葬礼。葬礼结束后，我觉得当这样一个人走了之后，我自己心里的某一块也跟着她走了。后来有一段时间，我没有办法看建筑，没有办法看艺术，就是提不起兴趣。大概又过了几个月，我才开始觉得自己对建筑艺术的热情慢慢地回来了。

毕啸南：她对你影响这么大啊?

张欣：对。而且她对整个艺术界、建筑界都产生了影响。在她之前，所有的房子都是方方正正的，很少有人想到房子还可以是流线型的。她的这个设计超越建筑业影响了很多艺术领域，打破了人们原有的想法。她曾经告诉我，大概有10年时间她的所有方案都不被采纳。你想象一个人工作10年，每几个月就去参加一个竞标，永远都在失败，要是我，可能两三年就放弃了。

读书让我终生受益

毕啸南：你不会。你也是一个一直在颠覆自己的人。有一位主持人叫张越，我告诉她我要专访张欣，我问她如果是你，你会问张欣什么问题？她说张欣最了不起的地方也是让人最好奇的地方，就是张欣在人生的每一个关键节点上都做出了令人无法理解但最终证明又是特别正确的决定，从你离开香港去读书，然后再到华尔街，后来做房地产……我也好奇，你每一次人生抉择的标准是什么呢？

张欣：首先我很喜欢分析事情，另外我比较忠实于自己的感受。比如我在华尔街工作的时候决定回北京，可能很多人会认为华尔街的工作很好，不应该放弃。但我是一个在北京长到 14 岁才离开的人，内心对回到北京的渴望超过了在华尔街的一份成功事业。那是 1995 年，正是中国改革进展到如火如荼的时候，各行各业都觉得有很多机会，而且那时候很多都还做得不够好。比如说建筑，当时满大街都是千篇一律的蓝玻璃白瓷砖的房子，我作为一个在海外生活的人，我觉得房子是可以盖得更好的，所以就想试一试。不过最重要的原因还是遇见潘石屹。

毕啸南：你有没有想过，如果不做建筑会做什么？

张欣：我肯定有一天会离开这个行业吧，因为房子都盖得差不多了。现在我们盖房子的量，就远远比 10 年前要少，位置也越来越偏了，从 CBD 盖到望京，因为城市化的完成度已经非常高了。就在我发愁北京、上海盖完了之后该怎么办的时候，我发现了共享办公这个东西，觉得这是一个方向。

各种楼盖起来，紧跟着就是内容，就是怎么使用这些楼。随着时代的变化，现在有很多创业公司，包括大公司也有新发展、新项目，它们都需要一个比较灵活的办公场所。于是我们就试水了共享办公，发现市场非常好，而且可以走出北京、上海，到各个城市去，这给我带来了新的鼓舞，燃起了我的斗志。

毕啸南：你们公司在共享办公上和其他国内竞争者相比，核心竞争力在哪里？

张欣：核心竞争力来自我们在房地产市场上 20 年的经验，什么样的房子可租，什么价格可租，市场的需求怎样，我们是更加了解的，同时成本控制、产品设计也是我们的长项，此外还包括我们品牌的知名度。另外，在我们做了 20 多年生意之后，也积累了很多经验教训，可以避免走一些弯路。

建筑开发商需要的是资源，要有地有资金。共享办公不一样，这是一个品牌生意，一个工作方式的生意，也是一个标准化管理的生意。让任何人无论在什么城市，都觉得在我这里办公是一样的。品牌是必不可少的，我们共享办公的特点就是从SOHO转出去，有一个品牌上的连续性，我觉得这是我们最大的竞争优势。现在这个市场有点乱，因为很多人都加入进来了，不过也不会乱太久，因为市场有一个整合。

毕啸南：你不是有深厚家庭背景的人，却成为一个行业的标志性人物。你觉得自己能够走到今天靠的是什么?

张欣：我最受益的是年轻的时候爱读书，受到过好的教育。回头看我人生的转折点，最大的转折点是受到了好的教育，去英国读书这是第一步。

我们这一代人可能和更年轻的几代人有一些差异，我们没有人把找个人结婚当成是一种出路。我的父母亲一生的主要时间都是在工作。而且在我成长的年代，如果想要改善自己的生活，唯一的选择就是上学，找到好的工作。

学习对我来说，是一个自然状态。我觉得人的好奇心，对知识的饥渴，是重要的，可以让你的大脑成为活力的源泉。

第二个转折点，我觉得就是自己选择从华尔街出来。做这个选择，实际上是需要承担一些风险的，要离开自己熟悉的东西。我会告诉年轻人，这个世界是非常宽广的，你应该发挥想象力创造无限的可能，要能够闯荡，能够承担风险，去看看不同的世界。

第三，当你遇到挫折的时候，一定要比别人多坚持一会儿。

家庭是我人生最大的财富

毕啸南：你遭遇过的最大的挫折是什么？

张欣：大大小小数不胜数，天天都有。但关键是你不能认输啊，难也得往前走啊，人很容易自我放弃，自己放弃就全完了。其实到我这个年纪有一个新的挑战，就是缺乏动力，开始享受生活，这是说得好听的。其实就是失去了活力，放弃了理想。所以我现在觉得，在这个阶段要再寻找生命中的新动力。对我来说，这个新动力就是运动。

我们从小在中国长大，那时候认为运动是专业运动员的事情。我的小儿子特别喜欢踢足球，我们每个周末都带他去踢球，因此让我对运动产生了关注。因为踢球不行，我就开始跑步，开始跑不好，就跑个 5 公里，然后慢慢就跑 10 公里。在我 49 岁那一年，小儿子就跟我说，你现在跑步，因为从来不参加比赛，水平很难提高。我觉得有道理，所以我在50岁的时候说今年要跑两个马拉松，加大了训练量。

现在我已经跑了4个马拉松，还挺有成就感，而这个给我带来了新的动力，因为人的身体如果有力量，他的思想和精神状态都会不一样。

毕啸南：我看你儿子跟你说话的方式，感觉你跟他的交流方式很平等。因为你的工作很忙，我想知道你在孩子的教育上是否缺席过呢？

张欣：没有。我花时间最多的就是孩子的教育问题。我有两个儿子，都得照顾到。他们现在都到美国去上学了，大儿子已经（在）上大学。像前天凌晨1点钟了，他可能刚从课堂下来特别激动，也忘了时差，打电话给我，给我讲他在学校学到的东西，希望我能够在思想上给他回应。这和孩子小时候就不一样了，这是一个新的状态，但并不是说孩子大了，就不再需要父母，其实你要投入（到）子女教育的时间并不会少。只不过在这个阶段，孩子可能并不需要你做什么具体的事情，而主要是思想交流。当然我也很享受这件事情。

毕啸南：当母亲还是很幸福的。我每年都带我爸妈出去旅行两次，多年如此。我把中国划分为 12 个文化区，京津冀、长三角、珠三角等，然后带我爸妈出去玩。由于我的职业特性，每次我都会组织一场我和父母的三人对谈，并且记录下来。比如 2012 年 9 月 12 日在杭州西湖畔，我们一起谈我爸爸和我奶奶的关系，因为他俩的关系很微妙。我爸当年是齐齐哈尔市中考状元，但奶奶因为家庭的经济原因不得不终止了他的学业。我爸一直很孝顺，但是心里也一直存放着一个命运的疙瘩。这其实是时代的悲剧。所以我希望父亲能够说出来，真正释怀。每次旅行，我都希望解决一个类似这样的问题，然后在他们离开这个世界之前，在一幕幕回顾他们人生经历的时候，能够感到生无悔、死无憾。

说回你，你人生最大的财富是什么？事业、家庭还是其他的答案？

张欣：肯定是家庭。因为当人回归基本的动物性的时候，第一位还是家庭，后代的繁衍，等等。

毕啸南：但我们看到，并不是所有的女强人，或者说女性会做出和你一样的选择。还是有不少女性在事业上投入得更多。

张欣：可能我比较幸运，因为我和老公潘石屹可以相互配合，当我需要多照顾家庭的时候，他可以在工作上多承担一点儿。如果只有我一个人的话，可能会比较难。而且如果我做的是其他工作，比如政府官员，或者是华尔街的一个 CEO，那我自己的可控时间也少得多。

毕啸南： 你之前说过，你跟丈夫的关系从一开始的如胶似漆，然后慢慢在工作上产生争执，后来又进行了很好的调整。那么到现在，你觉得你们的夫妻关系是一个什么样的状态?

张欣： 又进入了一个新阶段了吧？我也不太清楚，过几年我再告诉你。但我认为夫妻两个人一起做事可以从整体上加强婚姻关系，你们因此又增加了一个共同目标，粘连更强。

当然，孩子也是粘连，但是也可能是矛盾的来源；事业也是如此，可能是另一个矛盾的来源。不过整体来讲，我觉得一起创业的夫妻还是共同性更多。

毕啸南： 我原来以为你是一个很(偏)冷色调的人。但今天跟你聊，颠覆了我的这个想法。

张欣： 我是挺冷色调的，基本上没有在电视上出现过，除了穿黑色和白色以外也不穿别的颜色。

我觉得我就是跟着自己人生的阶段在走。比如说 20 年前，我可能不会想着去做慈善教育。现在中国财富积累和我求学时不一样了，很多家庭可以负担得起孩子的教育经费，但是还有很多优秀的人才，他的家庭负担不起，所以我觉得一定要做“SOHO 中国助学金”。我现在对这个工作特别有热情，不光是捐钱，我们每年还把这些领取助学金的学生聚在一起，帮助他们进行社交，拓展视野。我们希望能够再给这些学生多一些帮助，这也是我现在工作的一个主要方向。

毕啸南：你对爱情怎么理解?

张欣：我觉得人在不同阶段，比如十几岁、二十多岁的时候，还是应该相信爱情。首先应该相信有爱情，然后是大胆地追求爱情。不要担心家长会反对，至少我不会。

你说人到最后会不会找到真正的爱情呢？你不去试怎么会知道呢？

啸南说

知识改变命运的道理并没有过时

张欣是12位嘉宾中唯一一位我在专访之前完全没有接触过的女性。其他嘉宾要么是我的朋友，要么至少也都提前沟通过或者见过面。张欣是我师母的朋友，据了解她的朋友介绍，和我师母一样，张欣也是风风火火、时刻追求极致的风格。

女性企业家的采访是最难的。就像韩小红在本书采访中说的那样，一旦进入这个游戏，性别就消失了，没有人会再把她当作女人看待。当然，每个女性企业家的情况各有不同，但我接触过的，如董明珠、李彤、杜鹃等诸多女性企业家，她们无一例外都体现着这一点。这并不是说，她们都是很冰冷、理性的人，只是她们不得不向外展示出这一面。但我的访谈毕竟不是财经节目，所以挖掘更丰富的人性话题，寻找到嘉宾身上隐而不露的闪光点就成为这次节目的挑战。

张欣生命中最闪光的地方是什么呢？当我在看了许多资料

后，我和此时看文字的你一样，充满了无数的好奇与想象。是她在中国风云浩大的现代历史进程中通过建筑留下了自己的位置吗？是她在胡润富豪榜上骄人的名位，或者是她和潘石屹的婚姻？但这些都是表象。追本溯源，那些让人惊奇的故事，比如她曾经做过5年的纺织工，这和今天"北上广深"的漂泊者们本质上其实是同一种命运。她的这段经历和选择，对于数亿打工者甚至所有的职场人而言，实在是一个令人赞叹的榜样。为什么她可以从一位打工妹蜕变成一个行业的引领者，而大部分打工者却未能改变自己的命运？她攒了5年的钱，竟然选择去英国的大学学习，这是为什么？她的勇气和信念来自哪里？

对我来说，我想回到故事的起点，寻找她生命转折的历程。是她被命运选中，还是说她创造了自己的命运？

张欣给我的回答出奇简单，但事后想来原本也该是如此——良好的教育是最关键因素。

在现在这个时代，充裕的原始资本、人脉、背景都可以让一个人迅速获得成功，但如果仅仅依靠外力，我很难相信张欣的成功能够持久。张欣是从内心里相信知识改变命运的人，这一点或许能够从她和哈迪德的合作中看出来。

我深度专访过大量的企业家，托尔斯泰在《安娜·卡列尼娜》中的第一句说得好，"幸福的家庭都是相似的，不幸的家庭各有各的不幸"。这句话放在企业家身上则非常值得玩味——成功的企业家各有路径，失败者则有迹可寻。但是有一点可以肯定，在当下的中国社会，成功的创业者、企业家都必须尊重知识。草莽英雄的时代已经一去不复返了。

更进一步来说，掌握知识的人在生活中往往更具生命力。这是因为只有观念和思维更加清晰的人，才能够更加准确地把握自己的未来目标。唯一需要强调的是，这里所说的知识，不再是当年所谓的“学好数理化，走遍天下都不怕”。今天所谓的知识，已经不再仅仅是技术层面对于“术”的积累，而更看重文化意义上对生命之“道”的理解和领悟。

今天很多人都认同一句话:“既要埋头拉车，又要抬头看路。”知识改变命运的道理在今天依然没有过时，拥有明确目标会为人生带来长久的动力，而不是相反。

杨扬：永远站在悬崖边上

弱点可以是危险的悬崖，也可以是变得更好的台阶

杨扬，1975年出生于黑龙江省。童年开始接受滑冰训练。1988年，她进入哈尔滨体育运动学校，练习短道速滑。1995年，杨扬由黑龙江省队进入国家队。2002年，杨扬夺得冬奥会女子短道速滑500米比赛的金牌，成为中国第一位冬奥会冠军。同一年，她还实现了个人全能项目上的六连冠。整个运动生涯中，杨扬一共获得过59个世界冠军，是到目前为止获世界冠军最多的中国运动员。

2010年，杨扬参加了国际奥委会委员的选举，成为中国第一个以运动员身份当选的国际奥委会委员。更广阔的领域、更高的视野促使杨扬对体育进行了更全面深入的思考。杨扬说，竞技体

育重在发掘人体的极限，而奥林匹克精神所主张的“人人都享有体育的权利”，这才是体育更大的普世价值。退役后的杨扬，热心公益事业，热衷于体育推广与产业模式探索，让体育带给人们更多的快乐。

杨扬说自己是幸运的，在人生的每一个阶段，她都能把握住自己的命运，这是人生最大的幸福。这种幸运源自她始终如一地坚守信念，做自己喜欢做也最应该做的事，内心的坚持从未动摇。

杨扬从来不认为自己有过人的运动天赋，她坚信成绩是苦练出来的。即使在获得了几十个冠军之后，每次在赛场上，杨扬依然感觉自己随时都像是站在悬崖边上，想不摔下去，就必须付出比常人更多的努力。

任何努力都需要通过正确的方法才能获得预期的效果，杨扬的成功，不仅仅来自积极的心态，还有生活的智慧。

因为锻炼身体才滑冰

毕啸南： 你为什么会选择运动员这条路呢？

杨扬： 我 8 岁开始学滑冰。第一次上冰是体校老师去学校选才。

我一上去，冰刀立得很正，当时的教练就说了一句，这孩子脚腕子有劲儿。我一下子觉得自己有了特别的地方，比其他孩子好一点儿，就这么坚持（了）下去。现在回想起来，可能我是有点儿英雄主义。其实那时候我的身体素质比其他孩子要弱，而且还经常生病耽误训练。

我父亲很支持我，他觉得至少能够锻炼好身体，对我也没有特别高的要求。我那时候生活在一个小县城，不知道世界有多大，甚至以为世界上只有 3 个国家，中国、内国、外国，中内外嘛。那时候我的理想是去外国领奖，虽然我并不知道外国离我有多遥远，但它是个目标。

等进了省体校，我第一次意识到自己可能不适合这项运动。因为我跟全省最好的选手在一起（相比），明显弱了很多。当时因为夏训表现不好，4 个同批选来的小女孩，其他 3 个当时都入校了，只有我要再考察一年。后来听我的教练说，其实他想把我送回去。

除我之外其他人都进了体校，这件事对我打击挺大，所以早期上冰我特别投入。那时候我的腿细得连比赛服都撑不起来，为了锻炼腿部力量，我每天 6 点起床，做 100 个蹲跳，然后蹲 100 次机械。一个冬天坚持下来，到年底我就从原来的最后一名变成了全队七个孩子中的第二名。教练也再没有提出要把我送回去。

毕啸南：这是很了不起的事情，因为你并不是那种天生看起来会赢得王者桂冠的人，而是一路不被看好。在这个过程里，你能够时刻反思、时刻把持着一种你所说的“站在悬崖边上”的心态，并且在自己日常的生活里一以贯之。但我想知道，这种精神状态会不会带来比较大的心理负担，是否会让你觉得比赛和生活很辛苦？甚至在处于情绪低谷的时候会想为什么要过这样的日子，明明可以稍微舒服一点儿？

杨扬：我一直有个想法，就是不能尝试着去偷懒，害怕养成一种习惯，甚至从中体会到了偷懒的乐趣和惬意。所以每次脑子里有这样的念头，我就要赶紧把它消灭掉。相对而言，我更加害怕面对的是未来的不确定性。也可能是因为我父亲去世比较早——他在我 17 岁的时候去世的，加上我还有个妹妹，这些情况都要求我承担更大的责任，必须往前走。

毕啸南：在这期间你有（过）觉得委屈（的时候）吗？

杨扬：小的时候没觉得有什么委屈。反而是长大以后，就像现在这个年龄会有这样的感受，会想其实没有必要给自己加那么多砝码。因为我现在要考虑的并不单单是所谓自己的事，还包括工作上的很多内容。尤其是在情绪不好的时候，也会有一种委屈感，特别是当你所做的事情得不到人家理解和认可的时候。

但更多的，我还是感激或者很庆幸自己有机会可以帮助到其他人，哪怕是自己的家人。很庆幸还可以由自己把握自己的人生，而不是让别人来决定我自己的生活。

不断应对新挑战

毕啸南：这句话很重要。其实人这一生，能够掌握自己的命运，非常难。从小到大，帮一个人做人生决定的人太多了，影响一个人做出自己决定的因素也太多了。每一个在现实中经历过的人都深有体会。

毕啸南：在运动员当中，你已经是转型成功的代表，但之前你说感觉现在还在人生的爬坡路上。为什么会这么说？你现在主要的精力放在哪些方面？

杨扬：退役之后这些年，我一直在学习，但是还有很多自己不懂的、需要历练的地方，虽然有了一些积累，但是因为不断地有新任务，所以感觉挑战似乎更大。

一方面是大家都熟悉的国际组织。我现在是国际奥委会委员，也是 2016 年、2020 年青年冬季奥运会的评估委员会主席。就是对几个申办城市的情况进行评估，报告给奥委会的委员们，作为他们投票的支撑。还有最近成立了一个纪律委员会专门调查俄罗斯的兴奋剂问题。

这些任务都非常有挑战性，（我）在完全没有什么概念的情况下，被硬生生地扔到这里面。我觉得自己非常幸运，可以有机会慢慢地学习和感受，同时也向那些经历丰富的委员学习。

毕啸南：一般说到“爬坡”，似乎总有一个具体的目标，或者所谓的“山顶”，既是动力也是方向。那么在你的心里面，是不是有这样一个“山顶”？“山顶”上的风景又应该是怎样的?

杨扬：我觉得如果一个人没有能力去掌控自己所在的高度，还不如不上去。我自己对于职务之类（的）东西没有多大的期望，只觉得自己非常幸运。这也可能是因为我个人的背景经历相对比较特殊，本身是奥运冠军，同时又是一个国际组织里的女性，因为他们会考虑到成员的性别比例，此外也因为我来自中国这样一个大国，所以常常能够被委以重任。

但这并不代表我就能够完全胜任这些工作，可能旁边的人会觉得我做这些事情是当之无愧的，但我知道自己还有很多欠缺的地方，至少我自己会有这种感觉。面对眼前的这些任务，我会很小心翼翼地往前走。像调查俄罗斯兴奋剂事件，背后的情况非常复杂，不是简单地查运动员的药检。体育不是一件简单的事，体育非常复杂，在国际层面上尤其如此。

毕啸南：最复杂的点是什么，政治因素吗?

杨扬：它的涉及面非常广，不完全是政治的问题。当一个问题涉及面太广的时候，身处其中的人就容易看不清，这对我来说是一个挑战。我一直尽量把自己的角色摆得比较单纯，就是一个专业人士，用自己的专业去做判断。

毕啸南：你反复提到自己的不足和谨慎，这种思维符合你在工作之外的性格吗?

杨扬：我当运动员的时候是一个非常感性的人。我在比赛场上的那股劲头有时候连自己都会感到诧异。比如说我在一些比赛当中所做出的刹那间的判断实际上非常冒险，我会觉得不像我。那一瞬间的决定，其实是身体的反应，而不是思考的结果。我喜欢那种感觉，人是完全释放的。

但在生活当中我又是一个顾虑比较多的（人），面对人生的选择，比较四平八稳，没有什么大起大落，选择退役转型也是这样下的决定，那不是一个冲动的决定。

我觉得生活要秉承一些基本原则，比如要选择自己喜欢做的事。因为如果你不喜欢，或者只是被所谓的光环或者利益所绑架，可能在遇到困难的时候，就很难坚持下去。

另外一个原则是正确的事情要用正确的方法去做。这是我在经历过一些失败和打击以后所得出的结论。原来我觉得只要我的出发点正确就没有问题，但有时候由此得到的结果却是相反的。

毕啸南：这句话让我马上想到长野冬奥会，那算是你运动员生涯中最惨痛的一次失利吗?

杨扬：从结果上来说是的，但那也是我收获最大的一届奥运会。现在回过头看，那届冬奥会，无论是我个人还是外界都有很多期待。那时候我是中国第一个短道速滑个人全能冠军，虽然更早之前我也拿过单项冠军，但是全能冠军的分量还是不一样。结果到了奥运会上，我的两个单项全部犯规，接力只拿到了银牌。1000米的犯规还是有些争议，实际上冲过终点线时我的身位在前面，韩国选手的冰刀尖立起来，从我的两腿之间冲过去，最终摔倒着冲过终点线。按照规则她这种情况应该属于危险冲刺，但当时是判我横切犯规，因为她推着我嘛，我就顶她。这个判罚出来之后，其实一度我是不能接受的，我们代表团也提出了申诉。那段时间我不敢回想这一幕，甚至不敢睡觉，总怕一躺到枕头上就会想起比赛的镜头。

但那一届冬奥会却是我收获最多的一次。就是因为在最强的项目上输了，并且是在你认为并不公平的裁判下输掉的，这就迫使我思考，未来当我再次遇到同样的情况，我该如何面对。所以我强迫自己复盘那场比赛，我发现如果在最后一个右弯道我的路线能控制得更好一些的话，我的对手就不会有机会，当然也就更不会有判罚的问题。

我发现，当我抱着这种改变自己、让自己变得更好的态度去重看那场比赛的时候，还是找到了提升的空间。那一刻的感觉是非常兴奋的，特别期待在后面的比赛中去尝试。

这是我第一次自己主动思考一场比赛，之前的比赛其实就是靠拼。结果一个月后的世锦赛上，同样的项目，3 个韩国选手进决赛，我开始积极（地）从战术上思考如何战胜对手，怎样化被动为主动，最后我拿到了冠军，算是报了一个仇，而且在这之后的 4 年里我没有输过。

毕啸南：这种主动思考后来成为你运动员生涯中很重要的一个态度吗?

杨扬：非常重要的一个态度，而且成为我之后面对困难和失败的一个固定方法。

我记得当时有记者问我，从三连冠到五连冠，是不是觉得自己已经天下无敌了。我说我从来没有这种感觉。我一直认为自己站在悬崖边上，随时随地要掉下去，所以必须武装自己，变得更强。每一次比赛结束后，我都会马上进行自我总结去寻找不足。我会想象自己是韩国队教练，如何在赛前设计战术来打败杨扬。然后再回过头来看比赛，会发现有些时候可能是自己侥幸，对手没有抓到机会，或者如果再多一圈，对手的战术就可能奏效。还有就是在训练的时候，我要求自己要做到扬短避长，把自己的短处全都翻腾出来，然后拼命去练它。这就要求一个人要非常了解自己，同时要非常诚实地面对自己。你可以对自己撒个谎掩盖弱点，或者把失败的责任推给别人，但这种做法其实是愚蠢的，更不会有任何积极的作用。

此外我始终有一种危机感。这也可能是因为我从来都不被认为是一个很有天赋的运动员。从小到大，别人都认为我的素质不是很好，包括进了国家队以后。我第一次参加国家队夏训的时候，教练说我连业余选手都不如。那时候我跑长跑，去的时候勉强跟上，回来基本上就靠教练骑车驮我回来。其他身体素质的练习（项目上）我基本上也都是最弱的。

毕啸南：你当初没有选择自我放弃，是你避免失败的原因。而不放弃加上你所说的危机感，则是你后来成功的原因。这其实就是我们常说的“有勇有谋”这个成语的意思，这四个字不仅仅适用于一般的事务，对于人生的漫漫长路来说其实也是如此。

体育精神是普世的

毕啸南：你说大家不知道、不了解现在的杨扬在做什么？那你自己说说你在做什么，想做成什么？

杨扬：当时我退下来，选择去外边，很多人并不清楚，甚至到现在也不理解我走的是什么路。还有很多人把我定位为官员。其实在某种程度上我是在体育的国际组织里做义务的工作，我是不领工资的。但由于在我们的文化系统中没有这种位置，所以很多人并不理解。但是在国外就不是这样，我这些年通过国际组织的关系看到了国外的很多同人，他们做事情是非常纯粹的，而那种快乐让我很向往、很羡慕。所以哪怕是义务的服务，我也不会觉得自己吃亏，而是非常享受那种纯粹的感受。

我觉得自己是一个相对独立的创业者，现在我还处在积累的阶段。

毕啸南：是企业家杨扬，还是一个体育精神领袖杨扬，抑或是国际体育组织的领导杨扬？

杨扬：说实话，我没有任何明确的方向。我只是把自己现在的事情做好。像是我前面说的纪律委员会，我之前从来没有考虑过，奥委会的决定出来我自己都吓一跳。体育总局的工作人员还来问我，这个是不是我去争取的。但可能我在这种问题上一直处于被动的状态。

毕啸南：我觉得你这不是被动。你只是不给自己设置一些很具体的目标，然后去达成。你是每走一步都要走到最好。

杨扬：我更觉得是种享受。你说得对，我当然有自己的规划，但那并不是些具体的位置。我现在的目标是在国际体育组织里能够走得更长远一点儿，因为我依然是奥林匹克价值观的坚定信奉者。我确实相信我所从事的体育事业是很了不起的。

毕啸南：你认为体育精神是什么？

杨扬：比如说，我自己做运动员的时候可以说做到了极致，这么说并不是因为我拿到了奥运会冠军，而是我确实每一天都在向自己的极限发出挑战。而全世界的运动员都通过自身努力公平竞赛，又将这种极致发挥到新的高度。因此，我所说的极致，不是体能方面的，更重要的还是在精神层面，在于对人的心理的巨大考验。

除此之外体育还有什么？其实它还包含着一个普世的价值观，就是我们人类共同向往的平等、公平、透明等理念。所以体育是很理想化的一项事业。我很幸运，能够从事这项事业。

回过头来说，你会发现我们的生活当中，无论是孩子的教育，还是身体的健康，抑或是生活的品质，都离不开体育的影响。中国从 20 世纪 70 年代的体育外交，到 80 年代的“冲出亚洲，走向世界”，再到 90 年代的申办奥运，一步步地让世界认识、认可了中国。一直到 2001 年申办奥运成功，2008 年为世界奉献了北京奥运会。

所以对北京奥运会的理解不能太简单，其实它在中国的社会发展过程中扮演了非常重要的角色。而到了现在，我们又提出了体育强国梦的目标，也是继续在延续体育的重要角色。

毕啸南：你刚才非常简明并且完整地回顾了中国体育的发展过程。走到今天，根据我的观察，中国体育已经在进行改革了，而这其中市场化的改革是非常重要的一环。当然，和所有的改革一样，体育的改革也必然会有阵痛，并且带来新的问题。你认为中国体育的改革方向和出路在哪里?

杨扬：这属于专业记者的提问了。实际上，我觉得改革是必须的，哪怕这个过程中有些阵痛。但是不改革，中国的体育事业肯定是要走下坡路的。正如我前面说的，当代体育在社会发展中所扮演的角色太重要了，而且它不断地面临挑战。所以如果我们不能从制度上满足时代对体育的要求，改革就是唯一的出路。比如说，体育普及、全民健身。其实“全民健身”这个词蛮有意思的，一下子就把竞技体育和大众体育一分为二了。

当然，我们之前办体育的举国体制也是历史的发展过程，是集中力量办一件事。无须讳言，我也是当中的受益者，能够在家庭经济能力比较差的条件下去练习一个相对比较费钱的冰上项目。如果没有国家的体系，我永远不会有这样的机会。

但是历史推动到今天，我们对体育的认识早已经超越了竞技和金牌。我们都认识到，体育可以促进人的健康，尤其是青少年的健康，并且在青少年的素质教育中扮演着非常重要的角色。体育还可以改善社区文化，比如亲子关系。此外，体育在外交、国家形象上也发挥着巨大作用。因此原来的竞技培养体系已经不够用了，需要增加更多的功能，所以改革是必然的。

毕啸南：你有一些具体的设想吗?

杨扬：我当年退役没有选择回到体制内谋求一官半职的原因，就是我觉得体育可以做更多的事。中国的体育体制的主要功能是为奥运会培养运动员，这方面我觉得已经做到极致了。但从一个内部人的角度，我看到的问题是，中国这种体制的结构是倒三角形，上面的人多，底下的人却非常少，这就容易出现新一代的人才跟不上来的问题。比如很多小朋友本来想要学习滑冰，但是家长却不愿意把孩子送进体育系统里，因为那意味着你可能要放弃学业，从而变成了要么学习，要么练体育。我一直在思考怎样才能让体育人才的选拔面变得更广，把社会化的俱乐部系统和现有的国家体系对接起来，也让更多的孩子有机会走到竞技体育的路上来。

就是说不论什么样的孩子，首先都应该有机会能够参与到某项他感兴趣的运动中去。《奥林匹克宪章》中有一句话我非常认同，说体育应该是所有人的权利。我们过去采取的办法更多是上面选才，但未来应该是人们选择体育，无论高矮胖瘦，哪怕身体残疾，都应该有机会享受体育带来的快乐。

毕啸南：所以其实你要做的事情，是一种社会化的体育人才的选拔和体育观念的推广吗？这是你在做的事情吗?

杨扬：我是觉得体育应该是普世的，应该在社会发展中发挥更多的作用。我们在做运动员转型培训的时候，我一直强调退役的运动员并不是社会的包袱，我们是人才，有很多机会需要我们去发挥。

我从前会觉得只有走上领奖台，为国争光，我的价值才得到了体现。现在我体会到，除了比赛的价值之外，我还可以做很多事情。

我退役选择离开体制的时候，我的一个老领导曾经问我为什么要这么做。我说，我希望更自由一点儿。后来自己开始到外边工作创业，做冠军基金、做自己的滑冰学校，一开始确实遇到了种种问题。但是等到我有了自己的团队，弄清楚了整个游戏规则（之后），一下子就跳到（了）另一个层面上，而且发现自己的空间确实更大了，可以腾出手来做更多的事情。

毕啸南：你肯定属于社会认可的优秀人士，也会被套上许多光环，在这种情况下，你如何能够始终摆正心态，清醒地认识自己?

杨扬：可能我本身并不是一个特别自信的人，我觉得我的成功是因为我总是在自己的能力范围内做事。说到突破就差一些。

正因为如此，我老是要给自己找碴儿，让自己尝试着去突破。我也曾经坐在你今天的位置上去采访其他人，但我特别不敢看自己做的节目，我怕发现自己说了某句话不合适，那样会很难受。

但我还是不断（地）对自己提出要求，因为从心里，我对发现自己的缺点还是很不满的。

啸南说

学会用弱点完善自我

杨扬最打动我的，是她面对“弱点”的态度。

有一句鸡汤，“让优秀成为一种习惯”，虽然是鸡汤，但是背后确实隐含着诸多道理和规律。这种习惯的另一面，其实就是人如何面对自我的弱点。

面对弱点，一是如何看待失败，但更关键也更艰难的是在顺风顺水的时候，还能不断地发现自我存在的问题。“防微杜渐”“居安思危”“每日三省吾身”等成语说的就是这个道理。

这件事听起来容易，但是做起来，太难。尤其是对于所谓的成功者而言，反思的动机在哪里？篮球赛场上有句话，叫“胜利者不需要做出调整”。因为胜利者必然占据了胜利的原因，不管这类原因是否拿得上台面，只要下一次还能够使用，就有继续见效的可能。更何况胜利者往往被架起来放到高处，看不清、听不到现实世界，时间久了，难免脱离现实。

相较于成功者，普通人也有属于自己的借口，甘于平凡是最简单的。或者用一种鸵鸟心态，把挫败归结为难以撼动的客观事实，于是把让自己变得优秀的话题，改变成改造社会环境的话题，其结论自然就是一个人没有办法改变社会，于是失败就变得再正常不过了。

59 个世界冠军在身的大杨扬是中国获世界冠军最多的运动员（到目前为止），同时担任着国际奥委会委员、北京冬奥会运动员委员会主席等职务。但是坦率地说，大杨扬在我认识的成功者当中，并不算是天赋异禀的人，甚至看起来有点儿“傻傻笨笨”的，但也恰恰是这份“傻傻笨笨”，让她人生的每一步都走得异常扎实。

哲学上有一句话：你成为什么样的人，取决于你的行动，而非你的想法。我在上大学的时候，一度觉得自己特别小气，对很多人和事拿得起放不下。为了改变这一点，我每天醒来会抄写六个字——“大气、大气、大气”，等到晚上睡觉前再抄写一遍。如此坚持了将近两年之后，我发现这个办法确实发挥了作用。我相信行动的力量远比脑子里闪过的念头要强大许多。

杨扬这一期的主题是“永远站在悬崖边上”，面对自己奥运会上的意外失利，她在专访中这么说：

但那一届冬奥会却是我收获最多的一次。就是因为在最强的项目上输了，并且是在你认为并不公平的裁判下输掉的，这就迫使我思考，未来当我再次遇到同样的情况，我该如何面对。所以我强迫自己复盘那场比赛，我发现如果在最后一个右弯道我的路线能控制得更好一些的话，我的对手就不会有机会，当然也就更不会有判罚的问题。

我发现，当我抱着这种改变自己、让自己变得更好的态度去重看那场比赛的时候，还是找到了提升的空间。那一刻的感觉是非常兴奋的，特别期待在后面的比赛中去尝试。

……

这就要求一个人要非常了解自己，同时要非常诚实地面对自己。你可以对自己撒个谎掩盖弱点，或者把失败的责任推给别人，但这种做法其实是愚蠢的，更不会有任何积极的作用。

诚实地面对自己身体素质的先天不足，诚实地面对自己赛场上的失败，诚实地告诉别人自己成功背后的外部因素……

杨扬的故事告诉我们——诚实，是一个人优秀与否的关键因素。她面对的既是高高悬崖，又何尝不是真实与虚伪的分界线？

王秋杨：通往自由之路

这 是 一 条 通 往 高 处 的 道 路， 眼 界 更 宽， 风 景 更 美

王秋杨，1967年出生于福建的一个高级军官家庭，从幼年开始，王秋杨就跟随父亲所在的野战部队生活在福建山区，这也养成了她成年后热爱自然、喜欢探险的性格特征。1993年从中国传媒大学新闻系毕业后，她开始与丈夫共同经商，以海运和房地产起家，经十多年发展，创建横跨房地产、酒店、影视艺术产业的综合性投资企业——今典投资集团。

童年长期的山区封闭生活，令王秋杨对外面的世界充满向往。2003年从一个自驾游、背包客开始，王秋杨以坚韧的毅力一步步突破，最终成为中国登山界的传奇。她是全球第一位到达“地球

三极”的华人女性，也是首位登顶世界七大洲最高峰和徒步南、北极极点的中国女性，由此成为国家级登山运动健将。

探险是一种人生态度，人生本该不断地去发现、去征服。十几年的登山经历中，王秋杨曾遇到过食人族的追杀，也曾经在雪山顶上体力透支命悬一线。王秋杨说，体验了死亡才更懂得生的可贵。

如今，王秋杨把更多的精力投入到了西藏阿里地区的教育和医疗的公益事业中。从 2003 年至今，王秋杨和她的苹果慈善基金会已累计向西藏捐助善款超过 1.5 亿元，捐建了 4 所苹果学校、10 所卫生院，并在海拔 4000 多米的高原上为当地修建了一座“天堂电影院”。2009 年，王秋杨获中华人民共和国民政部颁发的“十大慈善家”称号。

王秋杨的人生内容非常丰富，一个人怎么能够同时做那么多事情，还都做得很成功？这实在令人好奇。

女生骑自行车令我震惊

毕啸南：你说自己从小生长在一个开满了杜鹃花的环境里，却觉得很惆怅，你在惆怅些什么呢？

王秋杨：那时候我十几岁，还在上中学，正是青春期的时候。我从小生长在一个部队家庭，一直在搬家，不断地住防空洞。那个时候说要解放台湾，所以总是在福建的山里头转来转去。福建的山水很美，漫山遍野的杜鹃花，我经常会在杜鹃花丛中写作业。看起来这是一个很美好的画面，其实压根儿不是。

那时候我是真的很惆怅，不知道自己未来怎么办。因为我心气很高，从小就想要走出大山，到北京、到更远的地方去。但是那时候还没有恢复高考，我们县城里只有一个造纸厂、一个糖厂。也就是说，如果我走不出去，就将在那个造纸厂或者糖厂当一个工人，就此走完一生。所以我觉得特别不甘心，再加上那时候天天看作家三毛的书，更幻想着能够到处流浪。

毕啸南：你这种不甘平凡的性格是随爸爸还是随妈妈?

王秋杨：应该是随爸爸吧。我从小就特别崇拜爸爸，后来加上一个普京，因为觉得他很男人。我爸爸仕途不算顺，一个副军长当了十几年。

毕啸南：有没有因此受到更好的照顾?

王秋杨：其实没有。那时候父母对孩子都很严格，要求孩子朴素，也不能到处说自己家是干什么的，爸爸是干什么的。

20 世纪 70 年代末、80 年代初，我所在的县城中学，90% 以上的孩子都是来自农村的住校生。因为是生育的高峰，一个班上有 80 多人，一个年级有 8 个班，一个宿舍里只有 6 张普通大小的上下铺，下铺睡 12 个人，上铺睡 12 个人，一个房间要睡 24 个人。

毕啸南：第一次走出大山是什么时候？

王秋杨：我记得是 13 岁（时）去过一次福州市，那时候我们在莆田。我出生在漳州，跟着父母在泉州、厦门、莆田都生活过，一直住防空洞。我们在莆田待的时间比较久，不过那时候的莆田非常封闭落后，不像现在这么有名。那次去福州，爸爸带我去看火车，那是我有生以来第一次见火车。

火车没有让我惊奇，但是在福州城的街道上我看到有女生骑自行车，却让我非常吃惊。我想，天哪！居然有女的骑自行车。这是我从来没有想过的。因为我生活的山里，既没有柏油路也没有水泥路，只有砂石路，在那样的环境里，会骑车的人很少，印象中只有连队的司务长有一辆，还有县城邮递员有一辆绿色的自行车。到那时候我就见过这么两辆自行车。

后来我 17 岁（时）进城到了福州，刚去的时候特别不适应。

因为同学们都穿得很洋气，女同学剪着好看的短发，骑着自行车从我身边经过。我感到特别自卑，觉得自己什么都不如别人，又土又笨。还是这一年，我去了趟江西，见到人生的第一场雪。我过去一直以为雪花就像《草原英雄小姐妹》动画片里那样是六角形的，是一片一片从天上落下来的。然而我在江西看见雪的时候哭了，原来雪花是软绵绵的、毛茸茸的。

而我原来在农村上学只能天天看见庄稼，上学和放学路上抓个青蛙、知了什么的。农村的学校连食堂都没有，只有一个巨大的蒸锅，靠滑轮把巨大的锅盖拉起来。每天我们都要自己淘米，上课前把铝制饭盒放到蒸笼里蒸饭，因为学生多，一共有一两百个这样的饭盒。等到下课，你要能从这一两百个饭盒里迅速地识别出自己的那个。人在青春期的时候特别能吃，那种特大号的铝饭盒我能吃满满一盒饭，没有菜，就是抹一点儿猪油，然后倒一点儿酱油，一天到晚就是这么吃。

毕啸南：你觉得这是那个年代部队特有的一种生活方式，还是说全国几乎都这样?

王秋杨：我不知道全国是什么样子，但至少我周围的同学都这样生活。我能抹上猪油已经算是很奢侈的了，很多同学只能浇点儿酱油。

毕啸南：有没有抢错饭盒的时候?

王秋杨：不会。一眼就能认出来哪个是自己的。尽管每个饭盒上都有用红油漆写的编号，但实际上你是靠直觉一下子找到自己的饭盒。你想想那么多饭盒，学校校工从蒸笼里拿出来就扔在地上，一地饭盒。我觉得这种本能是因为太饿了吧。然后自来水也要靠抢，热水也要靠抢，什么都要靠抢。每天只有早、晚两次限量供水，我们宿舍抢水我打头，后面的人把脸盆递进来，接好水再让人递出去。

读《三国演义》让我有野心

毕啸南：你认为你的家庭给你带来了什么——无论是资源上，还是精神上？这在你后来的生活道路上发挥了什么作用?

王秋杨：我觉得爸爸对我的教育最重要，从小他就让我能够树雄心、立大志。

我有个哥哥比我大 10 岁，那时候“上山下乡”去了，所以就只有我和爸爸在家。他每天带我散步讲《三国演义》，我读得最早的书是《三国演义》，最喜欢的也是《三国演义》，后来重复读得最多的仍然是这一本书。

毕啸南：这应该算是你从小的启蒙了，我最早读的一本书是《红楼梦》，这个真的会影响你一生的价值观和性格的形成。《三国演义》带给你什么呢？野心？

王秋杨：我觉得读《红楼梦》和读《三国演义》结果肯定不一样。你说得很对，我爸爸就说我从小就有野心。

毕啸南：后来你就上了大学，在 20 世纪 80 年代末的时候。

王秋杨：20 世纪 80 年代末是思想开放的年代，那时候大量的国外翻译著作涌进中国，我看了大量的书，受益匪浅。那个时候年轻人都传唱一首歌，叫《年轻的朋友来相会》，歌词说“再过二十年，我们来相会……举杯赞英雄，光荣属于谁”。前些日子同学聚会，有人突然唱起来，我眼泪哗地就下来了。那是很美好的一个年龄，很美好的一个年代。

毕啸南：如果让你现在选择生命中最美好的时间，是在杜鹃花下忧郁的童年时期，还是在大学求学读书的开放时代？人们传唱《年轻的朋友来相会》的时候，我才刚出生，但后来听说了很多那时候的故事，也看到很多人对那个年代的追忆和怀念。其实看这首歌的歌词就能体会到，那时候的人对未来充满了诗意的美好想象，并且这种美好还是和国家联系在一起的。

王秋杨：你说得很对，那时候确实如此，甚至你可以说“八十年代”是特殊的。不过说到我自己，最美好的其实还是童年。童年的我是那么无忧无虑，在阳光下、麦田里、稻花香中……我一想到童年，还能闻到麦田里的麦香和青草刚被割过后的气味，味觉的记忆真是特别美妙，能让人记一辈子。那个时候我就听着起床号、听着开饭号、听着上班号过每一天，完全不需要看表。爸爸对我特别宽容，甚至是溺爱。虽然他对我有很多期望，但也没有严苛地要求我。所以我虽然是女孩子，却像是人们说的“假小子”那样野野地就长大了。我妈妈找我都要到树上找，叫我下来吃饭。

毕啸南：但你到了城里开始感到自卑，这种心理或许对你后来的奋斗有推动（作用）吧?

王秋杨：有的。我觉得每个人都会感到自卑，但是自卑也可以促使一个人去努力奋斗。当然也有反例。但至少对我来说，自卑让我更加努力，想要改变自己，想要摆脱当时的环境，想要走出去，这种欲望足够强烈。

毕啸南：你现在还有这种心态吗?

王秋杨：有啊，比如你在街上看到别人把自己打理得很好，而你却蓬头垢面，你会觉得无颜见人。这种自卑任何时候都可能有。人不可以太粗糙，尤其（是）女人。

我是享受爱情的人

毕啸南：你怎么认识你丈夫的?

王秋杨：我们在部队的一个剧组认识的。当时他在电影学院，我在广播学院，他是编剧，我是场记。后来因为家里反对，我们借了朋友在小西天的一个房子，不跟家里来往。

没有了父母的资助，我们在经济上无以为继，常常是每天傍晚去菜摊淘一些卖不出去的剩菜，拿回家洗一洗做菜。大学头两年就是这么过来的。印象最深的是，那时候肯德基刚刚进入中国，我们隔很久去前门那家肯德基店吃一次，简直就像去大饭店。

毕啸南：两年（都）过着这样的日子，你一点儿委屈都没有吗？不仅仅是物质上匮乏，而且和家庭的关系也因此闹僵。有句俗话叫“贫贱夫妻百事哀”，我相信爱情带来的快乐肯定是有的，但也担心这种快乐能不能经受起现实生活中各种其他事情的打击。现在很多年轻人的爱情，好像经不起物质的冲击，甚至在一些人眼中，爱情和爱人被货币化了。

王秋杨：不会。其实我是个享受爱情的人，我相信爱情是特别美好的一件事情。当爱来的时候，你就应该义无反顾，应该极端地投入，甚至脚都踩进油箱里了，还是要一样向前冲。那时候我觉得爱情就应该是这样子，你答应了一个人，你应该跟他是一辈子，就应该是一往无前，就应该是心无旁骛。

我觉得改革年代的人和现在的人可能不太一样。那个时候人人都爱读诗歌，偶像是顾城、海子这样的诗人，那是很浪漫的一代人，有情怀、有理想，对生活有很多憧憬。人们的精神面貌特别好，特别积极向上，特别相信未来，特别努力奋斗。我觉得现在的信息量太大了，诱惑太多。表面看起来这好像不是什么坏事，但是人生只有这么长，我觉得简单一点儿可能会更快乐。

毕啸南：一段爱结束了呢？

王秋杨：结束了就是结束了。爱情在就是在，不在就是不在。当爱不在的时候，我觉得可能会有新的爱向你走来吧。

毕啸南：后来你通过倒腾石油挣了一笔钱，当时的时代背景和机遇是什么样的？

王秋杨：当时是全民经商。你走进任何一家小饭馆，旁边的人谈的都是大生意，不靠谱的也多，就像是倒卖飞机轮胎、火车反光镜什么的。

那是一个开始的时代，你不会觉得这些是会把你引入歧途的诱惑，而是时代给你的机会。我们做成了那笔石油生意，也是朋友的朋友、东一条信息西一条信息这么搭上的，然后就这么搭上了，很偶然就做成了。然后人家说分你们多少钱，当时就觉得，天哪，这么多！这笔钱帮助我们结束了经济窘迫的日子。

毕啸南：还是挺容易的？

王秋杨：以为很容易，结果后来再也没弄成过，所以机遇很重要。不过那时候生活成本没有现在这么高，也没有现在这种买房买车的压力。那时候还是相信，只要有书就有诗和远方。我觉得一个年轻人如果有太多担心，恐怕也出不来。因为无知者无畏，我们就这么折腾，毕业以后就下海了。

因为父母家人，包括朋友都反对我的婚姻。我为了帮助丈夫实现他的梦想——他想拍电影，我们如果能够下海赚上几十万块钱，就够投拍一部电影了，那时候我们的目标就是这个。

其实我并不是一个喜欢经商的人，也不觉得自己是一个好商人。但是既然办了公司，那就成了我的一份责任，必须做下去。开始赚了一点儿钱，然后又赚了一点儿钱，渐渐就一发不可收拾。到了今天，有人问我是不是可以退休，我想老板是不可以退休的，因为那是你的责任。

但是此后我们再也没有机会回到岸上来拍电影了。到现在他还在说想要拍电影，剧本都写了好几个，但我看恐怕还是没有机会去拍，因为太忙了。

我下海没套“救生圈”

毕啸南： 现在回想起来，从办公司到现在，你最难忘的是哪一个阶段?

王秋杨：是最开始在北京做今典花园的时候。那个时候就没钱，好不容易从朋友那里借了一笔钱，2000 多万元存在中农信，结果中农信面临倒闭，眼看着钱要拿不回来了，当时真是急疯了。我每天就带着一帮蓬头垢面的建筑工人去银行，挨个办公室敲门，后来进了他们行长办公室，我指着那行长的鼻子让他还钱。这消息传出来后，越来越多的人去要债，门口和走道里全是要债的人。

最后中农信还是倒闭了，但是我的钱要回来了。后来中农信行长在公司大会上说，如果我们有一个像王秋杨这样的人去要外面欠银行的债，我们至于倒闭吗？这话传到我耳朵里，我觉得是一个莫大的荣誉。因为还有很多去要债的人，就老老实实站在门口等着，那些人都没有要回钱来。

毕啸南：我感觉你还是一个很感性的人，只是被推上那个位置，做了自己该做的事情。

王秋杨：创业阶段很不容易，你顾不上自己的个性和面子，只能每天很努力地工作。每天第一个上班开门，最后一个下班关灯，一周七天没有休息。但这没什么可抱怨的，因为一切都是自己的选择。当时有大量像我这样的干部子弟，下海都是套着救生圈的，他们可能会先去国企单位，或者说还领着单位的工资，但我和我先生都没有，我们两个真是赤条条地跳进了海里，所以只能成功不能失败。

毕啸南：你觉得一个女性创业有什么特殊性吗？比如更艰苦，或者有些占据优势的地方？

王秋杨：商场如战场般无情，没有男女之分。就像登山，山不会因为你是女人就对你优待。不过女性有自身的特点，可能会更细腻，在工作中可能起到更好的协调作用。

那时候我主要分管行政和销售。我生第二个孩子的时候，每天把销控表和孕期资料都背在书包里，随时准备去医院。最后一天，我去交通银行跑业务，一边谈工作一边在心里数着我的宫缩间隔，一直到最后把订单敲定，然后我开着车就去医院生孩子了，当天就生了。

毕啸南：你确实挺疯狂的，为了谈恋爱跟家里人绝交，生孩子当天跑业务。

王秋杨：我觉得很自然。因为这件事情除你以外，没有人更合适做。我生完孩子，也没有坐月子，孩子的第一块尿布是我到自来水下面去洗的。而且我觉得这些都没什么啊，都是应该的，没有觉得哪儿不对。

生活总是不断（地）有新的目标在挑战你，让你把注意力永远放在下一件事情上。所以我很少会往回看，如果回想，想到的大部分也都是愉快的事情。

登山是接受自然的眷顾

毕啸南：然而今天的你，和从前的你，是否已经变得不一样了?

王秋杨：是的。但我没办法说这个区别是从什么时候开始分界的，可能是在我完成了攀登七大洲最高峰和南北极徒步这些事情之后吧。当我再次思考生活，会觉得真是越简单、越自然越好，再有就是感谢生命。

我登山经历了几次生死关头。还好，没有被带走，活了下来，就学会了放下更多，也更懂得珍惜。

开始登山是因为2003年看王石他们登珠峰的直播。最后他们登顶了，陈俊石把五星红旗在山顶展开的时候，我一下子就热泪盈眶。我想，我得做点儿什么，不能再这么待着了。刚好也赶上“非典”，工作都停了，我就约上另外一个女伴，两个人自驾去了西藏，登上了我人生的第一座山峰——5396 米的哈巴雪山。

我发现有些人到了海拔 4000、5000 米的地方，高原反应很严重。但是我没什么，适应得比别人好些。而且我还具备登山的另外一个优势，就是不怕走山路，因为从小在山里早就习惯了。

但实际上我最爱的是深处山中那种与世隔绝、接受自然眷顾的状态，有一种回到童年的感觉。我很喜欢一句话：旅行是一种生活方式，探险是一种人生态度。所以我也很喜欢自驾旅行，去过很多地方。我觉得旅行对我而言确实是一种生活方式，我喜欢行走在路上、生活在路上的那种感觉。

就是风景在你面前被无限打开，而且前方总是未知的探索。不论好坏，你不知道会邂逅什么。古语有云，读万卷书，行万里路。我书读得没有那么多，但我愿意行万里路。

毕啸南：虽然你说登山对你而言相对容易，但这还是一件挑战很大的事情，尤其当你挑战的是世界七大高峰时。那么最艰险的一次是什么时候?

王秋杨：最艰险的一次是在大洋洲的最高峰察雅峰，（这座山峰）位于印度尼西亚和巴布亚新几内亚交界的地方，一般人很难到达。我们一共七八个人，走了一个星期才来到山跟前。那条路曾被评为世界上最美十大徒步线路之一，但因为我们那次遇险，现在这条路没人再走了。

那里定居着食人族，当地叫猎头族。当时我们还不错，有向导帮我们协调，和各个部落谈判。因为想要走到山脚下就要经过很多部落，每个都要谈判，留下买路钱。然后我们的队伍就一点点往前走，很幸运地到了山下，也完成了登山，结果下来的时候没想到有一个背夫出了意外，食人族认为是我们把邪恶带到了他们的部落才会这样。然后说要把这个人送回去，如果出了问题他们要杀回来把我们吃了。

我们被吓坏了，背上能背的东西，其他的都扔下，丢盔弃甲地往当地一个美国矿山跑，一个巨大的矿山，就是电影里螺旋向下的那种。我们的向导当时不建议往那里跑。因为那个矿山相当于美国的飞地，由著名的黑水部队保卫，外面拉的全是铁丝网，上面写着如果靠近就开枪。但是我们想，宁可做美国人的俘虏，也不能被食人族吃了啊，还是坚决往那里跑。向导没办法，只好跟着我们一起跑。

我们冲破了一道道铁丝网的封锁，一直跑到矿山尾坝，在那里安营扎寨。土著人不敢穿过这些铁丝网，他们知道守卫真的会开枪。

我们在那地方躲着等待救援，矿山里的水重金属含量很高，让脸和手都浮肿得厉害。当时有的队员很绝望，哭得稀里哗啦。我发现越是遇到麻烦，我就越冷静。我接管了所有的联络和组织工作。我带着一个卫星电话，但因为身处峡谷之内，卫星从头顶经过的时间很短，信号只能维持5分钟左右，我们需要在这么短的时间里迅速地把坐标报出去。我们联络了中国登山协会的王勇峰队长，他们联络了中国、美国和印度尼西亚三方，启动了领事救援机制。

我到现在都还记得，我们每天跑到半山坡蹲在那儿等，就像电影《甲方乙方》里盼着城里的汽车来救他的大款那样等着。最后来了两辆黑水公司的车，我们高兴得不得了。黑水公司要把我们移交给印度尼西亚军方，途经一片武装地区，他们的人都戴着头盔，穿着防弹背心，我们什么都没有。有个安全顾问教我们，如果遇到枪击要采取什么姿势，遇到其他情况要采取什么姿势，讲了一通。我们问有这么危险吗？他说上星期刚打死8个人。印度尼西亚军方是开着装甲车来接我们的，交接的时候抓着我们的衣服领子，把人按得低低地快步走。印度尼西亚的车不熄火，接完人就开出去了。

这个事情在国内引起广泛关注，我们都上了媒体头条。本来这件事我不想让父母知道，结果爸妈早上一打开报纸，头版就是我的一张大照片。

毕啸南：你在这个过程中应该想过自己可能就命丧于此了吧？

王秋杨：是啊。而且登山总是有危险。有一次我遇上了体力透支和失温，我的队友们还有向导好几个人把我从6000多米高的地方背了下来，一个人背几十米然后换下一个人。我当时已经不省人事了，唯一能记住的就是大家在暴风雪中围着我。后来我才知道，那次暴风雪里死了14个人，有滑坠的，有冻死的，但我活了下来。

我记得，把我背到一个地方放下来休息的时候，队员们围着我，有的搓我的腿，有的搓我的胳膊，我听见他们都在哭。人在失温的时候不觉得冷，也不难受。我对大家说对不起，连累大家了，我很好，我一点儿都不冷。我越这么说，他们越难过，哭得越厉害。

后来他们把我背到营地，七手八脚把我扔进帐篷，用几个太空壶水杯帮我敷温。第二天早晨醒来的时候，暴风雪已经过去，营地十分宁静，我忽然觉得活着真好。

毕啸南：所以你在每次登山之前都想过，如果下不来也就下不来了，是吗?

王秋杨：当然了。不仅要签生死协议，连遗嘱都是早就立好的，登山真的是向死而生。

毕啸南：所以你认为死亡是无所谓的?

王秋杨：我觉得生命的质量更重要。登山以来，我的队伍里没有人走，但是我的朋友里有人走了。人是很难过的，就觉得如果换成是你，可能走的就是你。所以有时候我会觉得，山（是否）眷顾你很重要，不是你在征服山——其实你征服不了山的，山那么大，一直在那里，而人们来了又走。

青藏高原上的公益事业

毕啸南：那你现在主要的工作精力是放在苹果基金上了？

王秋杨：2003 年我最开始去西藏登山的时候，也同时开始了我在西藏的公益活动。那时候我们从北京开车往外走，每过一个检查站都要量体温，要问你是从哪里来的。直到我们进了西藏，到了阿里地区，当地居然也在抗“非典”。但是他们全县只有 5 根体温表，一个县医院连阑尾炎手术都不能做。我当时就想要为当地人做点儿什么。

进藏之前，我给自己印了个名片，叫西藏原生态考察员，头衔是自己给自己封的。当我需要参观学校或者跟当地教育部门联络的时候，就把这个名片拿出来。人家也搞不清楚我是干什么的，但觉得头衔挺大，对我也热情接待。

当我们到了普兰县巴卡乡，看到有一片房子简直像是废墟一样，门口有一根升着五星红旗的旗杆。我推门进去问，这是学校吗？出来一位蓬头垢面并且抱着一个孩子的男人说是。我说你们校长呢？那男人说，我就是。我当时受到很大的震撼。

在这个土坯的小房子里，他抱着孩子，给全校学生烧饭。我去宿舍看孩子，他们头上都长着虱子，鞋子没有一双不是破的。而教室的墙上用汉字写着唐诗——白云生处有人家。这种反差实在是太强烈了。当地的孩子甚至问我有没有见过树，因为他们从小到大都没有见过。我一下就想到自己 17 岁才见过雪，所以特别感动。于是我就想给当地建学校，开始以为就像希望工程说的，50 万块钱就能建所学校，其实根本不是那么回事。50 万块钱在当地什么也做不了。因为那个地方山高路远，平均海拔 4700 米，山下卖 300 元一吨的水泥到山上就可能要卖 3000 元，所以建筑成本非常高。后来我跟我先生通了几次电话，每次我拿起电话就哭。他就问我是不是钱不够。我说是。

后来我们的计划从 500 万元增加到 2000 万元，为当地援建了三所小学、一所中学。这是我们在阿里做的第一件事情。而且因为我不放心，所以是自己找的施工队，亲自参与施工。我们一趟趟上去，解决各种问题，直到把房子建好交给当地。

到现在，我在西藏阿里的公益做了 14 年，一件事连续做 14

年也是挺不容易的。在那里想找个员工都很难，因为志愿者很难上到那个海拔高度。

毕啸南：为什么你会把自己的公益事业放在这个地方呢？

王秋杨：当我第一次走到那块土地上的时候，就觉得很亲切，当地人都把我当成自己人说话。朋友们都说，我只要一到阿里，就容光焕发起来，人的状态特别好。

2017 年 6 月我又上去了一次。孩子们站了两溜，当我从他们面前走过的时候，孩子们都管我叫阿妈，冈措是我的西藏名，意思是雪山和湖泊。我特别感动，回想起这么多年的不容易，内心百感交集，眼泪一下子就流了下来。

我们在那边还援建了一个藏医学院。我觉得这个项目特别好，它既是文化的又是医学的，既是民族的又是教育的。此外，我们给当地每个村都建了一个医务室，方便周边居民看病。我们还发放药品，提供医疗器械。

下一步我们准备再建一个古经书博物馆，纯公益性质，就是用来保护古经书，供学者们研究和开展文化交流项目。因为现在古旧经书散落在民间的非常多，还有很多被当地人捡到后保存在一些山洞里头，但是保护和流失问题还是很严重。初步估计，我们现在已经收集了两万多页，散失在外面的大概还有这么多。

毕啸南：你的运营模式是怎样的？一直是你个人在投入吗？

王秋杨：苹果基金是私募基金，刚开始就只是我在投入，每年不低于500万元。后来做着做着，关注和加入的人越来越多，包括搜狐、当当都给我们很多的支持和帮助。我们现在是最大的面向藏区的非公募基金会，2017年被民政部评为5A级的公益组织。

我现在就是以此为事业，希望最终能够把它做成公募性质，让更多人参与进来。因为一己之力只是杯水车薪，只能做很少的事情。但是我做得很深入、很扎实，不像有的基金会只管掏钱，不管后面的运作使用，很多项目就都这样失败了，变成了浪费。我的公益，所有环节都是我自己做。同样的钱，别人可能可以做十所学校，然而我只做一所，但是我持续关注它每一年的变化和需要。

我希望苹果基金是一个开放的平台，有更多人的参与，更加专业化，能够帮助到更多人。我现在已经不是理事长，我的名片上印的是北京苹果慈善基金会创始人，这是我现在唯一的身份。我没有别的名片。

一开始，我们的口号叫“关注普通人的基本幸福”，更多地关注医疗和教育。现在我们还要做古经书的博物馆、藏医学院，而且参与的人越来越多。前两天我们为孩子的冬装筹款，发帖子马上就募到了钱，冬装一下就都有了。所以现在我们更多地想要分享成果、传递幸福。我觉得这句话非常好，实际上做公益是很幸福的事情，只要是做过的人都会有这种感受。

做公益以后，我越来越发现自己想要省下每一分钱给藏区的孩子，觉得自己任何奢侈的消费都是多余的，甚至是可耻的。总之，（我）希望自己生活简单一点儿，把钱用于比你更需要的人和地方上。

毕啸南：这反映了你的人生追求。

我觉得你谈得特别好，内容特别丰富。从一个山里面的青涩少女，到城市，到高原，到死亡的边缘……你是一个经历非常多的人。从这里我有一个最直观的感觉，就是后面的这一切经历，都倒映着最初那个想要走出大山的女孩子的影子。一个女孩子，胳膊下面夹着一本《三国演义》，从远处的山丘中间走来。你看，这个形象的层面就非常多，有部队的历史，有中国的传统影响，也有身为女性的你往前进步的姿态。

而后的你就是一直（在）突破空间和心理上的封锁和高墙。但这还不是最难的。最难的是你能返璞归真，从繁华回归到了简单。真正应了一句话，人生的三个阶段：看山是山——看山不是山——看山还是山。

你真的应该感激你生命中出现的一座座山。

啸南说

从来处走向高处

一个女人，酣畅淋漓地爱过、纵情忘我地恨过、疯狂投入事业成功过、挑战生命极限登顶过世界之巅，最后洗尽铅华、返璞归真，投入公益十余年，应该算是尘世中最好的人生之一了吧？

在《女性领袖人物》这档节目开始录制前，我给很多朋友打电话、发短信请他们推荐合适的人选。当时清科创投的王仲辉大哥推荐了几个人，我一眼就看准了王秋杨。后来才知道，正是王秋杨和她的丈夫张宝全一起创立的今典集团打造了我经常光顾的今日美术馆、二十二院街、红树林酒店等城市坐标。

事情就是这么凑巧，就在王仲辉推荐了王秋杨不过十几分钟，我在朋友圈看到高西庆老师分享的照片居然是他和王秋杨在西藏的合影。歪用一句古诗，这真是“莫愁前路无知己，天下谁人不识君”。

我和秋杨姐很早便建立了联系，但专访却是倒数第二个录制的。因为她实在太能跑了，要逮着她，真是挺难的。看她的朋友圈，不停地穿梭在天南海北，而且往往是一些我闻所未闻的世界角落。不过大部分时间，她都在西藏。

其实起初我在是否专访王秋杨的问题上有些犹疑，主要是考虑到她的父亲曾经是北京军区司令员，而王秋杨又是依靠房地产行业起家。我当初的疑虑，想必大家此时已经明白。

只不过当我真正了解王秋杨以后，这种疑虑就瞬间消失了：

“我 17 岁进城到了福州，刚去的时候特别不适应。因为同学们都穿得很洋气，女同学剪着好看的短发，骑着自行车从我身边经过。我感到特别自卑，觉得自己什么都不如别人，又土又笨。还是这一年，我去了趟江西，见到人生的第一场雪。我过去一直以为雪花就像《草原英雄小姐妹》动画片里那样是六角形的，是一片一片从天上落下来的。然而我在江西看见雪的时候哭了，原来雪花是软绵绵的、毛茸茸的。”

王秋杨说，她父亲从小对她的要求就很严格，禁止向外人透露自己的家庭身份。后来她到北京上学，为了爱情和家里断绝往来，每天去菜场淘一些卖不出去的剩菜度日。

王秋杨的故事都在文章里，虽然不是全部，但也足够打动人心。聆听她的故事，能够感受到她身上有一股“敢想敢做”的气魄，也有江湖侠女的风范，甚至还有一些调皮的部分，比如她为了在西藏参观游览方便，竟然给自己印了张假名片。

在王秋杨的生命中，“山”扮演了重要的角色。小时候，山阻挡了她走向外界的道路，后来山成为她攀登和奉献的对象，甚至差点儿让她把命留在那里。“山”也成为理解王秋杨生命特质的钥匙，她的果敢和承担、她的叛逆和包容似乎都可以通过“山”得以解释。

她讲述自己在登山时遭遇暴风雪导致失温昏迷，几个人轮流从6000多米的山上背她到山下营地的经历，而在那一次暴风雪中，有14个人遇难。她说，第二天醒来时，天气晴朗，忽然感到活着真好。

我为这小小的感叹心动，因为她的感叹里有鲜活的生命力。

我们每个人都有属于自己的来处，这个来处是在我们出生前就已经确定的，没有更改的可能。王秋杨来自大山和军营，对此不论好坏喜恶，她都没有办法选择。正如我认识的很多人，他们有的来自农村，有的来自西部地区，有的来自所谓的经济欠发达地区，他们对此也没有任何办法……但一个人出发的原点，并不能决定他抵达的终点。

贯穿王秋杨的经历，有一个关键词："野心。"这份野心让她常常感觉到对生活的不甘心、不满足。她不甘心自己永远生活在被大山围困的县城，不满足自己生命的经验永远被限制在当下的环境中。我相信，正是这份对更丰富人生的饥饿感，促使她走出大山，登上一座座高峰，尝试一件件新的事物。我也确信，正是因为从小深刻体会着这种饥饿的感受，才会让她把自己的公益事业放在荒凉的青藏高原之上。因为童年的她和那里的孩子们分享着同一种对世界的好奇和渴望出走的感受。

如同鲜花的蓓蕾，每个人的生命都渴望绽放，与其说这种渴望是一种“野心”，不如说是一种对生命的“负责”。所以，我希望每个人，都不要轻易掐灭自己的好奇心，不要轻率地否定自己的可能性，不要为创造和奋斗的激情设定阈值，生命的精彩就在于它拥有多种可能性。哪怕你已经深陷绝境，也不要失去信心，因为没有人是独自面对生活的，强者如王秋杨也需要队友们轮流将已经昏迷的她背下高山。

在漫长的生命中，一个人总会不断地转换助人者和被人帮助者的角色，无论你此刻是正在帮助别人，还是在接受别人的帮助，只要你不放弃生命绽放的责任，你就已经站到了高处。

吴小莉：念念不忘，必有回响

“真”应该永远排在“善”和“美”的前面

吴小莉，出生于台湾，辅仁大学大众传播学系毕业。1988年，她进入台湾华视担任新闻记者、主播；1993年，离开台湾赴香港发展，加盟卫视中文台；1996年卫视在中国大陆的部分改制为凤凰卫视中文台，吴小莉成为凤凰卫视首席新闻主播；2001年凤凰卫视资讯台开播后，吴小莉出任资讯台副台长，并继续主持多档电视节目。从台湾、香港到大陆，吴小莉成为在大陆、香港，以及台湾地区，都享有高知名度的媒体人。她专业的报道水准，优雅亲切的主持风格赢得了全球华人的一致赞誉，也获得了国家领导人的高度评价。

时代成就吴小莉那一代传媒人的辉煌，凤凰卫视抢占先机，一大批凤凰人开始被公众熟知。而在当下，随着移动互联网和自媒体的兴盛，资讯爆炸，传统媒体看似正在慢慢褪去往日的光环。但吴小莉表示，凤凰并没有“没落”，相反，它一直秉持着做高品质新闻的追求，这恰恰是资讯过剩的网络时代所稀缺的。她相信“念念不忘，必有回响”，今天的每一分努力和付出最终都会得到回报。

和睦的家庭环境和父母之爱让吴小莉度过了美好的童年，也让她始终关注教育领域。不久前，吴小莉被中国发展研究基金会授予“山村幼儿园推广大使”称号，她希望能尽一个媒体人的责任，唤起更多人对山村儿童教育缺失问题的关注。

积极快乐地面对世界，是吴小莉的人生态度。人生就是一场修炼，“从心所欲，不逾矩”一直是她人生的座右铭。

时代给凤凰以机会

毕啸南： 凤凰卫视这个平台诞生了一批特别有名的主持人，你认为其中的原因是什么？

吴小莉：就像现在是互联网一样，那个时候的卫星电视台并不多，包含大陆、香港和台湾地区，全球华人这种概念的平台更少，甚至可以说还没有。刚好那个时段又碰到了香港回归，出现了香港跟内地进行融合的过程，这就像是吹响了集结号，把一批媒体人集中在香港。我觉得这是一个时代给予我们的机会。

毕啸南：当时凤凰卫视不落内地，这种类似“隔岸观火”的媒体挺有趣的，会不会因此舆论尺度会比较大一些?

吴小莉：我举一个例子，比如香港回归的时候我们做了 60 个小时的直播。虽然也有同行做了 72 个小时，但是我们这 60 个小时，各地主持人除了一套固定的开场白，事先是没有稿子的。主持人的自由度确实很大，但大家都能够拿捏好尺度。而且我们也不会乱说，也要看大量的资料。我们不仅描述现场——那个用镜头就可以做到——我们还要描述现场背后的故事，所以它的信息量很大，会让收看凤凰（卫视）的观众觉得解渴。

后来我们把这次报道做成了光碟发行，当时新华社社长周南参加了我们的发行仪式，他说连他都看我们的报道，觉得特别有料。我想这就是口碑，在建立了这样一个口碑之后，一旦出现事件，观众就会选择看凤凰（卫视）。

后来发生了“9・11”事件，有的人家里看不到，会专门去能够收看凤凰（卫视）的酒店。那次我们进行了30个小时的直播，也是我职业生涯当中唯一一次不知道下面会发生什么的直播。一开始是事实性的报道，慢慢地，人性的东西出来了，比如寻人等，把全球华人的心都连在了一起。

我觉得很有幸，能够在凤凰（卫视）经历那个时代。但是也很不幸，像“9·11”这样的事情改变了世界的格局，并且影响至今，现在的欧美已经不是我们当初认识的欧美了。

毕啸南：你提到最初可能是高口碑的内容带动了营销的效果。那今天凤凰依然追求高品质吗？今天的观众对高品质的东西还像以前那样饥渴吗？

吴小莉：现今是一个信息爆炸的时代，人人都是媒体，都是信息的发布者，它跟以前的时代不一样。但是稀缺的资源还是一样的。比如说面对一些大型的活动，一些关键的人物，可能不是每一家媒体都有接触的机会。凤凰（卫视）因为自己的口碑和公信力，相对能够更多地参与这样的报道。所以我觉得现在的稀缺性不再是信息的量，而是品质，还有新闻的真实性。

毕啸南：我听到有些人说，凤凰（卫视）的声音近几年慢慢变小了，甚至有人说，凤凰（卫视）没落了。

吴小莉：跟所有的传统媒体一样，凤凰（卫视）面临着所有传统媒体都会面对的问题。但我不觉得这是一个困境，凤凰（卫视）的公信力和凤凰人还在，这是它最大的资产。你说凤凰（卫视）的声音渐渐听不到了，其实听不到不是因为它不在，而是因为声音太多了。现在凤凰卫视和凤凰网有比较多的链接，并且从互联网时代进入到移动互联网时代，我们做 APP，做新闻客户端，跟我们的受众进行更多的连接。

而且现在电视节目其实也有了新的生机。原来电视台播完了，你想重看就很难实现，现在随时可以上网选择你想看的播放过的节目，高品质的内容会永远留在那里，当人们觉得需要的时候，就可以找到。比如遇到一件事，你可能会想看凤凰（卫视）是怎么报道的，凤凰（卫视）的某位主持人是怎么说的。

我相信“死磕”的力量

毕啸南：在你们这一批主持人出来之后，比如你、窦文涛、鲁豫这样的，凤凰（卫视）似乎没有新一代的主持人出来。背后的原因是什么呢？

吴小莉: 凤凰资讯台有一位同事曾经说，他觉得凤凰从零开始（时）是最好的时代，而现在那个最好的时代好像没有了。我回答他说，所有的时代都是机会，现在不是没有机会，但是现在的机会可能不是我们熟悉的样子，我们要从新的角度去看它。

我一直相信一句话——念念不忘，必有回响。2016 年我采访了中国人社部分管农民工问题的副部长。他问我是否还记得 1997 年柯受良飞越黄河，他是当时的现场总指挥。当时所有的东西都是准备好的，稿子让我们一个字都不要动。但是柯受良突然觉得要提前飞越，之前安排的节目都只能删了。现场导演决定让我和朱军丢开本子自己来，我把总指挥——就是这位副部长请上来，问他为什么要选择在壶口瀑布飞越。他回答说因为这里是中国母亲河的心脏，而这句话让收看直播的邵逸夫听到了。当时邵逸夫已经是八九十岁的人，他后来打电话问能不能去壶口瀑布看一看，看看中国母亲河的心脏。后来经过安排邵逸夫去了壶口，而且还带着很多从来没有进过内地的香港企业家。我一直不知道有这件事，过了将近 20 年，这个回响，我现在听到了。

还有，我相信“死磕”。所有我认识的称得上卓越的人，其实都很能坚持。首先是眼光准确，选对道路；其次是见山开路、见河架桥，会找方法。

毕啸南：去凤凰（卫视）之前你在台湾也做过一段时间主播，怎么会决定去凤凰（卫视）这个一切是零的地方?

吴小莉：我觉得愿意做媒体的人都是胸怀世界，同时热爱自己脚下的土地和同胞的人。我加入凤凰（卫视）有几个原因，一是好奇香港回归之后会发生什么。生活中很多事情我们没有办法预测，但是香港的回归是确定的，于是我就想亲眼看一看，而不仅仅是过来报道的媒体人。这是最大的原因；二是我的骨子里喜欢到处经历，更深刻地了解不同的地方；三是我觉得媒体人是世界性的，而香港就是一个面向世界的窗口。还有更重要的一个原因，1993年我曾经到内地录节目，去了上海、成都，当时成都的朋友问我，我的节目他们能在电视上看到吗?我说以后可以的，然后就突然意识到，既然我花了同样的努力，为什么不让更多跟我说同样语言的同胞看到我的节目呢?所以我就去了凤凰（卫视）。

毕啸南：从小你家里的长辈会给你讲大陆的事情吗?

吴小莉：会。我是浙江绍兴新昌人。我爸爸会跟我说天姥山，会让我读李白关于天姥山的那首诗。所以我知道那片土地里有他的根，也有我的根。我读的书，都是关于中国的历史和地理。中国的血脉和记忆从父辈一直传承下来，我从来没有远离过。

毕啸南：你为什么会选择媒体作为你的职业？

吴小莉：我的父母都是在动乱的时代里长大的，我的父亲在家乡是教书的，如果不是因为日本人来了，他的书可能会念得更好。但他一直告诉我读书很重要。第二是因为我生长在一个没有任何背景的普通家庭，但我又想为这个社会做一点儿事情，想要推动社会进步。当时觉得只有媒体和律师有这样的可能，后来上学进了传播系，就进入了我现在的行业。

媒体人大都有一点儿职业理想，希望能够为社会做一点儿事。但是当媒体开始激烈竞争，需要大量人员后，其从业人员的素质就变得参差不齐。当你觉得电视上可以让自己显得光鲜亮丽的时候，当你不是因为职业理想来从事这份工作的时候，你会有心理落差，因为我们大部分的工作在幕后，是非常辛苦的，我们戏称（自己）为新闻民工。但我觉得至少我们那一代媒体人还是有这个理想的。

我觉得书本是我们用文字看世界的方法，而做媒体让我们可以用脚、用眼睛去看世界。胸怀世界，这是我投入这个行业到如今还能够孜孜不倦的重要原因。

当时决定去香港的时候，也有台湾的朋友劝我不要去。因为那时候连很多香港人都在离开香港。我父亲也是不赞成的，他站在父亲的角度，觉得我所有的事情都要重新来过。那样的话，我什么时候才能结婚啊。我妈妈倒是很大胆地同意我去。

这两种截然不同的意见你说听谁的呢？后来有一次我在老东家门口看着那里的喷水池，我看着水流一直往上，反抗着地心引力。忽然我想，如果有一天这个向上的动力没了，水流是不会停在半空的，它会一泻千里回到平地。也就是说，就算留在原来的地方，也不能保证你会一帆风顺。

毕啸南：我相信你是一个很大胆、很勇敢的人。而且你的勇敢建立在一个比较宽阔的视野和你对时代的判断之上。你期待生活有各种的可能性，对吗？

吴小莉：这要两面看。我期待可能性，不想要结局已知的人生。但同时我觉得人生是可以去享受的，那就不应该被一些不必要的事情所干扰，所以很多事情要提前做安排。

很幸运，我并不是一张白纸那样去凤凰（卫视）工作。另外一个幸运是，在我职业生涯当中，我既去过有30年历史的老公司，也去过年轻的公司，还有从零开始的凤凰（卫视）。所以我是带着知识去的凤凰（卫视）。1997年，为了做一个宣传片，需要我回答我的新闻理念是什么？我说，我的愿望是——当大事发生时，我在；有中国人的地方，有我。我们的责任就是做架接世界的桥梁。所以不论是30个小时还是60个小时的直播，都没有人喊累。

毕啸南：一般来说，冒险总会有风险，面对未知，难免会有翻船的时候。但你给外界的印象好像是一直发展得很顺利，是真的顺利，还是说你也遇到过挫折？

吴小莉：我觉得还是心态的问题。从人生的长河来看，昨天过不去的坎，5 年后你还会记得吗？可能你早就忘记了。所以我用这个来提醒自己，你可以说我是神经很大条的人。

我第一份工作是在那家（有）30 年历史的电视台。为什么我一下子就上主播台？因为我很努力，人家每天可能只做一条新闻，我能做四五条，弄得摄像师很崩溃。但他那时候也很骄傲啊，因为电视上也有他的作品。我觉得电视这个行业的好处就是你的努力能被看见。

毕啸南：很多努力其实还是不（能）被看见的。

吴小莉：如果你进入这个行业是因为热爱，那么当你遇到了一些挫折，并且选择离开，你的人生可能是会有不同的境况。但问题是，你的热爱还在不在，如果还在，那么你选择离开就是一无所有。你只有坚持下来，才可能看到、学到不同的东西，才能学会如何面对挫折。

这个行业可以教会你很多事情。我的工作是电视，一开始要自己找新闻线索、约人，要自己决定怎么拍，拍回来要剪辑、录音、写稿、播出，都要自己做，所以很容易就变得独立。同时因为很多报道一个人是做不了(的)，比如说飞机失事，要安排人去现场，有人去民航局，有人去交通部，等等。所以让我很快地学会（了）统筹全局。此外还有一个好处，或者是一个毛病，就是相信没有什么事是不可能完成的。你觉得不可能，是努力不够。

人生不完美总会有遗憾

毕啸南：这跟你在荧屏前呈现的形象有很大的反差。你的样子，包括声音、气质，给人一种柔弱到想要去保护的感觉。但你实际是很独立、很果决的一个人。

我们都专访过很多精英人物，从外面来看，他们肯定是成功的。但我还是发现，有些人一生中会遇到一两个永远过不去的坎儿。你刚才说的心态问题很有智慧，是一种能够把人生过好的经验，相信也能给人以启迪。

有很多人甚至用完美来形容你。你觉得人生有完美一说吗?

吴小莉：没有。这个问题的另一面就是人生有遗憾吗，肯定有。两个问题是一样的。比如我为了接受今天的专访，丈夫也出门了，女儿就要在家里做一会儿留守儿童，这样的遗憾肯定是有的。当年我去了香港，结果离家那么远，能够见父母的机会少了很多。去年爸爸走了，前年妈妈走了，没能更多地陪伴他们是我巨大的遗憾，但人生是没有办法回头的。

我的“三观”是父母给的。你说我正直，那是因为我爸爸特别正直；你说我有好奇心，那是因为我妈妈特别有好奇心。她可以为了感受台风登陆是什么感觉，让孩子们手牵手去岸堤上看。所以我说，孩子既是父母的镜子也是父母的影子，这一点我有深刻体会。

虽然我还没有老，但是父母的老让我知道，原来老也是需要管理和控制的，这样才可以给自己更优质的生活，可以给孩子们更多陪伴你的机会，也可以更优雅地老去。我说的优雅是一种从容，就是对很多事情看得明白，想得通透。

毕啸南：但如果不亲身经历，人是看不明白的吧？

吴小莉：不一定。小时候我通过读书去认识和理解自己没有经历的事情，长大以后因为职业的关系，能够有机会去阅读人这本书。我觉得我们不断地在寻找人间的珍珠，然后从珍珠形成的过程中学习。当然不一定非要是我这个职业，还可以用行走的方式、交朋友的方式，去寻找和发现世界的珍珠。在这个接触摩挲的过程中，你自己也会慢慢成为珍珠的。

毕啸南：但大部分人恐怕都会成为泡沫。

吴小莉：（即使是）泡沫至少也存在过。一个浪打过来，不是每个人都在浪尖上，但是没有泡沫就没有浪尖。我理解你说的，但我也觉得有些东西是需要几代人一起努力才能实现的。我们有时没办法兼济天下，又没办法做到一个都不能少，现在还不到那个时候。我只能尽可能地朝着一个都不能少的方向去做。

童年决定一个人的未来

毕啸南：所以你才关注山村幼儿园。

吴小莉：山里通常贫困一点儿，父母如果在外打工，就会导致留守儿童的出现。我一开始的反应是要关注留守儿童的心理状况，也担心他们未来的就业。后来我想，如果这些孩子在进入小学之前没有任何的学习基础，甚至连语言表达都做不好，那么他在学校的成绩和状态怎么能好呢？那样的话，这些孩子最后很可能会在中途辍学，同时产生所谓的青少年问题。

所以我想明白了，根源是在孩子的童年。那对这些留守儿童来说，还有没有希望？我觉得是有的，但需要付出极大的努力，而且这是一个等不得的事情，要尽快做，立刻做。

不久前我担任了山村幼儿园计划推广大使，从自身的条件来看，我最擅长的还是用媒体和影像的方式发挥。而且我想，现在这些问题也牵扯到中国几十年后的人口竞争力，就算到时候我们的经济总量是全球第一，但我们再靠什么去竞争呢？

这个项目希望在贵州做“一村一园”，就是一个山村有一个幼儿园，全面普及起来。我看到的数据显示留守儿童的数量在4000万左右，这其中20%条件最差的儿童没有机会上幼儿园。

毕啸南：我对这个项目不是很了解，但是感觉普遍的“一村一园”可能并不现实。因为一个村能有多少孩子需要上幼儿园？你可能会为了很少的孩子，要养活一个幼儿园。

吴小莉：有10个孩子就可以做，这当中的投入并没有想象中那么多。因为原来希望小学的小学生很多都已经出去了，很多小学因此都荒废了，我们只需要把这些学校重新用起来就好，甚至可以用村政府闲置的房屋。我们只需要给孩子提供一个安全、并不豪华的地方。这样下来，一间幼儿园的预算是 3 万到 5 万元，主要是给志愿者老师的工资。当然，我们也希望条件更好一些，能够有教具和玩具，让孩子有体育活动的空间和午餐。

中国发展研究基金会的研究表明，进过幼儿园和没有进过幼儿园的孩子在未来学习中的表现是有很大差异的，前者提升成绩的能力要明显强于后者。我希望能把这个项目铺开，但缺口也相当大，因为按照我们的设想，需要的幼儿园数量很多。但这也是没有办法的，因为你不可能让孩子翻山越岭地去上幼儿园。

毕啸南：其实你除了主持人这个身份之外，现在还多了很多跨界的身份，除了刚刚说的乡村幼儿园，你还是北京服装学院时尚传播学院院长。对未来，你还有什么样的想象?

吴小莉：我觉得还是当年的想法，我希望未来是未知的，但是在我所擅长的、能发挥能力的领域里。同时，我也特别喜欢跨界，比如说时尚传播学院，我觉得可以学习到新的东西。

我觉得我就是做媒体的命，我做不到朝九晚五，我喜欢到不同的地方，永远充满好奇，同时因此保持活力。我就算参加一场很严肃的公益活动，都想要了解一下这个行业。

我有一位高中英文老师，他说世界上有两种人会快乐，一种是智力不再成长的，因为他就永远是小孩子；另外一种人是因为智慧的累积感到快乐。我觉得快乐应该成为人生的常态，当然要有相应的智慧。

毕啸南：你这个说法我不能完全同意，我觉得还是有很多很有思想的人，或者说人生阅历很丰富的人，他们的生命底色是比较灰色、比较悲凉的，我觉得这种人其实挺多的。当然，对于何谓快乐，也可以有完全不同的定义。

吴小莉：这样的人确实有。我朋友里就有这样的人，比如说一位诗人、一位作家，他看事情的看法和我是不一样的。一片云飘过来，我看见的是云后的阳光，他看见的是遮住阳光的云。他们是很敏感的人，我做不了作家。

人有智商、情商、才商，还有灵商，我觉得做媒体的人可能稍微有一点儿灵商。灵商就是对事物的洞察力，不然你没办法做出不同的东西。可能也会因此超脱一点儿，能够退一步看事情，很多事情近看一团雾，远看一幅画。

大陆、香港与台湾地区的关系需要依靠交流

毕啸南：你出生于台湾，然后在香港工作，聚焦的又是大陆的事情，三者关系的张力给你造成了困扰，还是成为你工作中的优势？

吴小莉："两岸三地"是现在的说法，我那时候没有这个概念，只是居住的地方不一样而已。唯一的困扰是刚开始我看不懂简化字，不过慢慢地也就懂了，现在还能用简化字写文章。

我觉得我过去的经历就是"两岸三地"彼此了解的过程，这个过程有没有困难？肯定有。因为一定要很多沟通、理解乃至误解。所以这时候有人能了解"三地"的看法，就能帮助沟通。比如说两岸的语言和逻辑可能比较相似，但香港就比较西化，为什么会如此呢？就会有人想听听我的看法。

"两岸三地"未来的发展和关系的变化，谁都无法预言。但是我觉得"两岸三地"的关系就像兄弟姐妹，这不仅仅是血浓于水的问题，而且要看成长，谁成长得快、长得好，谁的话语权就大。

能活下来的政治意见都是不同的意见。沟通交流很重要，越

封闭，这些意见就越容易自我强化。所以交流是特别重要的，哪怕短期看起来没有太大的效果，如果不做，那就完全没有效果。

还有一点是历史教育。教材的内容是怎么样的？是不是必修课？对于接受教育的人产生哪种看法是很重要的。特别是儿童教育，一个人 3 到 6 岁养成的习惯是根深蒂固的。

啸南说

生命最怕一个“真”字

专访吴小莉的日子，是 2017 年我经历的最“动荡”的一段时间。一是国家文化产业生态大环境的变化，对我所在的行业产生了巨大的冲击，特别是对我而言，可以说间接地打开了不少机会的窗口，许多商业、娱乐的主持活动或其他项目会主动找上门来。二是我自己也即将面临“三十而立”的人生转折期，面对未来，也会重新做考量。

这些情况的突然出现，让我的生活出现了重大改变，一是特别累，经常连续几天录制十几个小时的节目样片；二是心浮气躁，开始想象可能的一夜爆红以及此后的名利双收，同时伴随着对这种念头的反思与担忧，此外还有与经纪人的矛盾，在一些节目中坚持事实与原则的抗争等，诸多困扰。

坦率地说，面对名利，年轻如我若说丝毫不为所动，那是说谎。但我也算读了这么多年书，何况身后还有诸位言传身教的师长、希望我教书育人的父母，尤其是有我的老师苗棣对我的严格要求和期许，读书人的“清高”在遇到选择的时候还是占了上风。当然还有身边随处可见的江郎才尽，以及所谓成功者的败絮其中也时常提醒我，与其追名逐利，不如先做好一个有良知的文化人。

但是，现实拉扯的力量未必就因此示弱……

小莉姐一眼就看出了我的异样，她说：“与上次见你相比，你明显不快乐了许多。”

这期专访内容当然精彩，但更精彩的其实是节目录制后，我们俩的一场私聊。最后小莉姐送了我十六个字：“守得孤独，耐住寂寞，念念不忘，必有回响。”

她希望我成为一名有真实社会影响力和推动力的媒体人，而这是一场马拉松式的长跑，急不得，要能够拒绝各种诱惑。

小莉姐的这些话对我影响很大。准确地说，是让我定下心来放弃了一些摆在面前的所谓的机会。或者说我内心深处，其实一直知道自己想要的是什么，只是她令我更加确信了而已。

对名利的焦虑从根本上说是对生存状况的恐惧。但其实生存并非人生最大的课题，生死才是——能够无悔地面对死亡的人生才能称得上是好的。一些让人陷入其中的困境，往往当我们跳出来，用整个生命的尺度去衡量的时候，就会发现其实它没那么重要。

我想再谈一点儿“子女与父母”的话题。其实颜丙燕、韩小红的访谈都谈到了这个话题。小莉姐谈到这个话题时，眼里噙满了泪水，这是一贯给人以积极温柔印象的她绝少展示的一面。她的悲伤来自无法孝敬父母的遗憾，因为工作远走他乡，大大减少了她陪伴长辈的时间。然而若要我作为旁人去回顾吴小莉当初的选择，这样的遗憾有多少是那时候就已经注定的？“此情可待成追忆，只是当时已惘然”，相比颜丙燕和韩小红，小莉姐的故事更具有现代普遍性。古人云，父母在，不远游。可当我们面对着一个已经多方面全球化的世界，“不远游”似乎越来越难，这样的遗憾应该依靠什么来弥补？

答案，我还没有想到。或许只能尽力而为，或许这是必然的代价。

小莉姐正好是12位女性领袖嘉宾的最后一位，而这个主题“念念不忘，必有回响”，也算是对这个夏天的完美回应。

回首这12位女嘉宾，每个人的故事都足够精彩。而我也希望在这本书里，尽量展示她们激励人心、值得赞许的一面。三人行必有我师，虽然每个人都不完美，但我们依然可以从他人身上学到宝贵的东西：

颜丙燕勇敢地打破了两代人之间情感和记忆的隔阂；亚妮用13年有始有终地完成了自己布置给自己的作业；韩红用一颗赤子之心化解外界对她的中伤和误解；万方教会我们用自由扩展生命的尺度；徐新在坚持主见的过程中塑造了自我；张越在不断自省中追寻越来越明晰的人生目标；韩小红面对死亡把目光投向了生存的意义；袁明的亲身经历告诉我们生命的信仰可以经受住考验；张欣相信知识和眼界依然是改变命运的钥匙；杨扬把自己的弱点变成了不断完善自我的出发点；王秋杨的经历说明对生命的好奇与渴望比出身更重要；吴小莉则告诉我们，所有的付出最终都会得到回报。

很多人，包括我自己，在遇到困难、感到疲惫或者心情灰暗的时候往往会问自己：我的生活会好吗？

而人生匆匆几十载，再成功的人，再努力地生活，若是回头去看，总是难免会有瑕疵。怎样才是美好的一生？相信每个人都有自己的定义。

但我相信，“真”永远应该在“善”和“美”的前面。

真性情，真梦想，真努力，真遗憾……

真好。

附　录

访谈节目生与死

采访时间：2017 年 6 月 27 日

采访者：谢江林 《南方电视学刊》副主编

一、谈高端是一件奢侈的事，我们应该做好本分

学刊：作为旁观者的观感，《女性领袖人物》系列专访是一档“高端女性访谈节目”。在时下，“高端”似乎渐渐成了一种贬义词，意味着曲高和寡、脱离大众，特别是在去中心化、去权威的互联网文化兴起背景下，“高端”可能并不讨好，您觉得呢？

毕啸南：首先要理清“高端”意味着什么？我们可以反问，现在我们每天看到的“高端”的东西有多少？对于视听内容生产来说，

“高端”肯定不是曲高和寡，我更愿意界定为高品质、优质、有一定的思想性和现实性。现在我们的问题是，“低端”的东西太多了。相比其他行业，比如军工、科技、金融等，文化娱乐行业门槛太低。当热钱在房地产、股票市场涌动不起来的时候，就涌到了文娱产业，因为这是一个可以看得见、摸得着的，虚荣、名利、金钱、美色……的集中地。但大家看不见的是，很多做文化内容产业的人知识积累不足、人生阅历不够、思想格局不够高，在“三不”的情况下，只能做出“三俗”的产品，这是因果的。这里面很多人是滥竽充数的，也有很多人是真心怀揣梦想的，也就更需要我们用好的内容和产品、价值观去引导。

高品质的内容生产是有行业壁垒的。第一，你必须具有宏观环境驾驭能力。包括政策环境、行业环境、文化环境的掌握与把控力等；第二，需要极高的知识水准。正确的价值观是建立在一定的知识水准和认知条件下的，包含了对自我、历史、客观世界及未来的判断；第三，需要极强大的资源。这三者都不是一下子就能积累起来的。最近，一大批八卦娱乐微博大号、微信公号被封，多家网站的视听内容服务关停，随着《网络视听节目内容审查通则》出台，网络监管的力度逐步与传统媒体一致。在电视平台，全明星真人秀也将退出黄金档，现在省级卫视一大批所谓的文化类节目仓促上马。在这样的大背景下，高品质的文化内容生产商和内容产品一定会在未来至少两年内迎来大的机遇期、发展期。

但问题在于能够从事的业者其实特别少，这就是我说的高壁垒。

我觉得我们今天都没有资格探讨我们这个社会是否做了太多“高端”的东西，恰恰是因为我们的东西太低端了，我们需要一种回归，回归到正常态，回归到有“品”，这也是我做这一季节目所坚持的。

我们这一季节目的一位嘉宾——亚妮，原来是浙江卫视的当家主持人，（她）用了13年的时间跟踪山西左权太行山的一群盲艺人，拍了一部纪录片，写了一本书，叫《没眼人》。她变卖房产、四处借钱、筹措资金，克服了难以想象的种种困难。2017年，从荧屏上消失了10年之久的亚妮，带着她与“没眼人”的故事重新出现在公众视野里。作为一位纪录片导演也好、一位文艺工作者也好，对于外界的种种赞美与质疑，亚妮有时觉得很困惑，在她看来，自己做的并不是什么惊天动地的事，作为一位文艺工作者，她只是坚持着自己的初心和本分，把最有价值的故事与影像留存下来让更多的人看到。我曾提炼出总结了一个“亚妮之问”：如果这个社会，建筑商能够建造让百姓安全居住的房子，食品生产不必让父母们抢购外国奶粉，老师可以不收红包也能尽心尽力地教育孩子，每一位职业岗位上的人都能坚守自己的本分，我们的社会，还会不好吗？

还有颜丙燕，圈子里，人家说她“矫情”。为什么呢？因为颜丙燕演戏的时候，总是恨不得一拍再拍。只要拍她的戏，现场基本上都要晚点儿，因为她经常拍完一场戏之后觉得刚刚的表情不对，台词的咬字不对，咬字的情感不对，重音不对，她就和摄像师和导演说，能不能让我再拍一场。很多摄像师和导演会说，你这不是矫情吗？导演都过了，你还干吗重拍？如果你觉得发音不对，可以后期配音，可以配词。现在有很多“数字小姐”，背1234567就行，然后后期配音。颜丙燕为什么这么“矫情”，难道这不是表演者应该坚守的吗？用颜丙燕的话说，如果我咬字的重音不对，意味着我当时的情绪理解不对，对人物的情感把握不对，这个人物塑造得肯定不会那么贴近真实和饱满。对于一个表演者而言，她这样的“矫情”有错吗？没错，这是她的本分。

我们选择嘉宾，其实跟我们节目整体的价值观是一脉相承的。每一个行业其实都不存在“高端”之说，他们只是在尽自己的本分而已——一位创作者对纪录片和书稿品质追求的本分，一位表演者对台词负责、对角色负责的本分。我作为一名主持人或一位电视节目制作者，邀请她们，与她们对话，是我的本分。

学刊：做本分，其结果很“高端”，但“高端”本身不是追求的目标。

毕啸南：对。谈高端是一件奢侈的事，我们应该做好本分。

我们这个节目充满了思想、故事、力量和感动。这个节目可能与大众所理解的高端不一样。关于严肃和高端、高端和高品质、高端和简单的关系，我觉得有必要厘清。你今天提到的“高端”，更多是一种“严肃”——严肃主题，加严肃内容，加严肃形式，这三者构建出“高端”，或者叫精英主义，但是我们这次的节目，当然秉承了深度的思想——“公共价值”和“人性力量”是节目的核心切入点，不落俗，但是也并没有太“精英主义”。高品质节目，并不意味着形式一味简单，“简单”和“简洁”是两回事。“简单”这个词有两个走向：一个是往美学上走，就是那种简单到极致的简约感，是一种气质上的纯净、主题意义上的纯粹和审美感觉上的一种净化；另外一个是往“下”的走向，仅仅是物理意义上的简单化，其实是一种粗糙，简洁到极致的形式感其实是为内容服务的。我们这次的节目最大的遗憾在于形式过于简单和粗糙。前期工作还是仓促了，精力和资金一开始也受到了一定限制。第二季会有很大的提升。

二、访谈节目的真谛就是人和人说人话

学刊：从当前的收视热点来看，访谈类节目在时下略显“老态”，像《鲁豫有约》《锵锵三人行》《艺术人生》《杨澜访谈录》等老牌访谈节目都集中出现在2000年前后，经过这么多年，国内观众的审美焦点早就转移了，转移到了选秀、真人秀、综艺，在此背景下，您认为访谈节目的未来在哪儿？

毕啸南：在我看来，访谈类节目将来会出现四个趋势：第一，结盟科技，本质是强化时代性特质。其实现在的访谈节目已经逐渐呈现出与时俱进的特征，比如有的访谈节目把直播当作主体形式，在直播中与观众进行弹幕互动，产生了一种完全不同于以往安安静静的访谈节目形态，这对主持人的现场把控力、对时事话题的掌控力，包括嘉宾的自我表达，都提出了更高的要求。这一类的访谈节目目前还不成熟，但它在眼下直播、二次元、弹幕兴起的背景下，搅动了一池春水。随着人工智能时代的到来，有没有可能一个访谈节目主持人就是一个机器人？在阿尔法狗打败众棋王之后，这样的讨论变得不是没有可能性。很多人说人工智能只能初步替代高强度的、重复性的工作，比如翻译、打字员，但以后可能进入高人性化的职业。如果人工智能对人类的反应已经细腻到文思脉络的足够把握，真的有机器人成为主持人、专访名人，这个节目肯定会爆红。这是第一类，访谈节目与科技结合的未来性和空间性。

第二，走向个性化的表达空间。为什么老牌的访谈节目现在做不下去？这些老牌节目刚出现时，仰仗的是稀有的注意力资源。但是到了现在——互联网经济时代，“泛 90 后”崛起，现在的问题又变成信息过剩了。怎么在星辰大海一样的信息中找到能让观众愿意静下心来听你说的东西，便成了关键。尤其是“泛 90 后”一代，是人类文化学意义上的、以中国互联网信息技术革命为基础的生产力—生产关系之上的上层建筑，区别于农业革命、工业革命，是在信息技术革命变革基础上成长的一代人。我国1989年正式推出互联网计划，1994年4月正式连接全球互联网，1989年、1994年这两个重要的互联网发展时间节点，恰好和人口统计学意义上1990年出生的人口差不多同轨。因此，我们称中国这代网络原住民为“泛90后”一代。“泛90后”群体到2020年就有将近5亿人口，是一群具有高视野、高学历、高消费能力和高人口规模的“四高”群体。这一群体的崛起，对于任何领域，尤其是文化内容生产，具有决定性意义。访谈节目就是在这一宏观背景之下面临转型的。这一群人从小开眼看世界，不拿出足够有张力、个性化的东西，只是平庸的内容，很难吸引他们的注意了。他们本身就是一群崇尚个性的人，他们在物质上不那么匮乏，时间上相对自由，对自我人生价值和情感的追求比较强烈，他们是一群有态度的人。现在所有的文化产品和品牌都是打自己的态度，像《金星秀》《80后脱口秀》等，就属于此类，取得了初步成功。

第三，与其他艺术形式相结合，如戏剧、真人秀等。这也是未来访谈节目一个非常重要的突破方向。传统的访谈一般都是谈话+小片的剪辑方式，但未来访谈内容可以在适当的环节直接以戏剧、真人秀的内容作为补充，这个会非常出彩，我和黄晓明最近在策划一档新的节目，在尝试这方面的创新，希望能有所突破。

科技感玩足了，个性玩足了，艺术形式丰富了，都可能做出一档不错的访谈节目，但这都不是访谈节目的真谛，即访谈节目最核心的东西——这就是我要说的第四个层面——回归人性。访谈节目的真谛就是人和人说人话，这是一种最朴素的定义。为什么说最原始、最古老的就是最永恒的，不变的是什么？不变的就是真诚，对人性的悲悯，对思想、对美好、对智慧的渴求。录这档节目的时候，原来《半边天》节目的主持人张越跟我说了一段话，对我的影响特别大，我非常受鼓舞。她说，啸南，你应该把其他工作都放下，专心专注地坚持做访谈节目。你是我见过的最优秀的访谈主持人之一，这也是你的使命。我当时听了特别感动，她就是这样的主持人，她的经历，她对访谈节目的理解，对嘉宾的关怀，尤其是对底层、对普通百姓的关怀（都感动了我）。在我看来，访谈节目的灵魂就是人与人之间的交流，我想张越一定会同意我的，我觉得我们有相同的价值观。

作为一名访谈节目主持人，我的使命应该是以思想为媒，以语言为体，以节目为平台，将这个世界上所有茕茕孑立、踽踽独行的灵魂联结在一起，相互温暖，彼此鼓励，给予力量，给予方向。无论你是达官显贵，还是肉眼凡夫，你会发现人这一生谁也不比谁苦半点，谁也不比谁甜一分，每个人都要面对各自的问题、苦难，这是谁都无法逃脱的命运，这是人的悲剧，也是人的修行。一档好的访谈节目能够做到的哪怕只影响一个人、十个人、一百个人……让人们从我们的节目当中看到真诚，看到温暖，看到智慧、经验和可能性，甚至看到了具体的方法，从而改变他的命运，这便是我们这个职业的无量功德。

三、访谈节目是社会变迁土壤上盛开的第一朵花

学刊：您是说回归人性、回归真诚，是科技化、个性化、多种艺术形式结合之外的第四种趋势，决定了访谈节目的未来？

毕啸南：回归人性、回归真诚，不仅仅是态度上的诚意，还有思想内容上的诚意，即用什么样的视角，关照什么样的当下。这种真诚除了态度的纯正，更需要的是思想、勇气和智慧。访谈节目靠的不是形式，而是两个人思想的交流、智慧的碰撞、人性的对弈，以及对社会广袤的敏感把握。访谈节目归根结底关注的是社会、文化和人性本身，它比其他类型节目，比真人秀、比游戏类节目、比相亲节目更简单，更能深入地对人的变迁、社会的变迁进行探讨。所以，这一节目类型注定成为盛开在社会变迁土壤上的第一朵花。它是时代最好的记录者，对社会变迁的反映最直接、最真实。其他的节目，像婚恋节目、古典游戏类节目、竞技类节目等，都还可以依靠形式、明星、话题来推进，虽和社会变迁有关系，但并不是那么激烈和直接，甚至也可以没有关系。如果游戏环节设置的关卡好玩，也会很有趣、很好看，但（受众）观赏到的只

是形式本身。

学刊：它是不是第一朵盛开的花，也要看由谁来做，如果让无法跟上时代的“老人”来做，采访的还是“老人”，那这朵花可能开不长久。

毕啸南：不，我说的第一朵盛开的花，不是说这个节目做得好或者不好。而是访谈节目这种类型和其他的电视节目类型相比，是最能够直接反映出社会的各种变迁的。一个社会发生了变迁，很多文艺现象都会有所反映，很多的上层建筑都会反映这个经济基础的改变。在电视领域，访谈节目，或者说一档好的访谈节目能够立得住，一定是它最敏锐地发现了这个社会变迁当中的各种新的矛盾、新的问题、新的情感，树立起了节目的价值观。别的节目类型，可能不需要做到这一点，也能开出一朵花来。

所以大家今天不要去谈访谈节目没有未来。《奥普拉脱口秀》走到的那一步，我们中国还没有开始。奥普拉代表了少数弱势底层，代表黑人、代表同性恋者、代表被强奸的女性、代表生活无望的人……代表他们来发声，这样的节目内容在当下（的）中国有吗？凤毛麟角。有人说国内的政策环境和国外的不一样，这个我认同。但是我们也有我们独特的丰厚的素材、好的文艺工作者，基于当下，着眼未来。国内访谈节目和世界访谈节目根本不同轨，也远非同一发展阶段，在这个问题上，我认为我们业界有巨大的认知误区。我们的文化语态、社会语态和媒体语态离我们优秀的世界同行，至少还差 10 ~ 20 年的距离。我们现在的视听内容生产仅仅是在技术上、形式上的赶超，我们在社会结构、文化生态、思想把握、人文素养等方面的历练仅仅是初级阶段。访谈节目永远会存在的，而且在任何一个时代都是有可能做好的，因为每个时代都会有新的社会问题和养料。只要寻找到当下最需要宣泄的社会情绪、最需要抚慰的心理、最需要寄予的力量，以真诚的、谦卑的、有价值观的态度和千千万万个人对话，访谈节目在任何一个时代都可以常青，而且十分具有爆破性。我对访谈节目的定义、看法和信心都来源于此。

学刊：您对访谈节目的哲学性思辨，与很多人的看法确实不一样。您现在二十七八岁，获得了博士学位，又完成了博士后科研阶段，被很多媒体评为了国内学历最高的年轻主持人，也得到了许多前辈的认可。“人和人说话”，您下的定义很简单，但要做到真不容易，您作为一名年轻主持人，如何与这些重量级的嘉宾“说话”？

毕啸南：一档节目，通过电视屏也好、手机屏也好，连接了千千万万不同的人，就像一个磁场。媒体给我加了一个“中国新生代最高学历主持人”的称号，我以前还挺在乎的，现在越来越发现这些都是虚的、外在的，是一块职业敲门砖，而真正的修行还在于如何说“人话”。

我觉得主持人自身也是一个磁场。他最好的状态应该是让大家不必觉得他存在，但又时时刻刻以他为中心。只要用心，就可以感觉到不同的观众在不同的物理情境、不同的情感状态、不同的山水里，时时刻刻因为一个话题、一块屏幕连接在一起。一期节目这样，两期节目这样，三期节目这样，我一辈子做这样的节目，这个节目不可能不出彩。现在没有人愿意且能够安安静静地做这些东西。大家对于访谈节目没有足够的理解，你不愿意去做，是因为你没有能力——没有认知的能力，你不知道访谈节目可以做成什么样子。

（就）与嘉宾的沟通而言，最大的技巧依然是“真诚”，如果再加一个词，就是“懂得”。我一直在思考我有什么样的天赋？人想真正有所成就，必须找到自己的天赋。我的天赋就是能够和第一个陌生人在电话两端深夜畅聊五六个小时，隔着电话屏幕两个人痛哭流涕。这种痛哭流涕往往都是阅尽了人生的人，灵魂与灵魂的碰撞，甚至都无关悲伤。你理解对方，愿意站在对方的立场，同时也要站在观众的立场。既能让嘉宾说话，尽可能地说话，发出真实的、别人挖掘不到的声音，又不伤害到对方，触及无意义的地方，不靠隐私或破坏底线来制造噱头。这最考验主持人的功力和尺度。比如录制韩红这期，就是我压力最大的一期。韩红是诸位嘉宾中很特殊的一位，外界对她的印象大概是“音乐天才”“霸气”“没有礼貌”“有爱心”……这里面真真假假。我想呈现的韩红，是呈现她曾经的遗憾与一直以来的单纯，以及如今的自我接受、自我和解、自我完整。本质上，韩红就是一个孩子，一个有天赋音乐才华的怪孩子，这种“孩子”的定义，并非是成人世界所说的幼稚、巨婴儿童，而是天才世界里自有的原始冲动。我特别希望这期节目能够让社会、观众看到并且理解真实的她，又担心这种坦荡会伤害到她。我和韩红反复在微信里聊，聊到最后两个人都很感慨，其实她是不接受深度型专访的，但最终打动她的，大概还是我的真诚。对于我来说，如果是以无意义的方式伤害到嘉宾，我宁肯辞职不做。比如我约慈铭体检的创始人韩小红、约凤凰卫视的著名主持人吴小莉，几乎都是彼此聊尽了对人生的理解、家庭的感悟与故事，才开始谈节目本身。这些信任背后都是真诚、尊重与懂得。

四、访谈节目不是亘古不变的、老朽的东西

学刊：您说访谈节目靠的不是形式，而是真诚、智慧和价值观，但您也说这次的节目最大的遗憾在于形式过于简单和粗糙。形式在访谈节目中到底处于怎样的位置？

毕啸南：只有内容，不讲形式，这不是好的艺术作品，好的访谈节目也是一个好的艺术作品。我认为访谈节目的形式一定要跟当

时当刻的社会情绪、社会调性、社会色彩相吻合。当下中国经济快速发展，每个人都在经历一种从狂热、迷乱到困惑的起伏跌宕。我觉得这个时代需要呼唤一种真实和沉淀。习近平总书记最近说了一段话：“让干净的人有更多干事的机会，让干事的人有更干净的环境。”其实我们做访谈节目也是一样的，面对当下的文化语境，呼唤人沉淀、纯粹、本分地追求生命中的美好。这种情绪和社会需求对于一档访谈节目而言，可能要的就是那种非常简单的，简单到极致的，非常纯粹、有质感的形式就可以了。它简单，但是不能粗糙；纯粹，但是不能没有灵魂，应在这样一个基调上设置形式。

如果到了另外一个语境下，比如为青少年做节目，尤其是“泛90后”的青少年，他们崇尚结构主义精神，崇尚性别文化的平等，宅文化、基文化、腐文化、萌文化等，你的访谈节目形式和设计就不能用前面说的这种很低调、内敛、纯粹、极简性的方式，可能走的就是另外一种打破传统的、解构权威式的。只要构建好，并不是媚俗，而是顺应这一代人的文化倾向和表达特征，它的真诚是一样的，思想是一样的，价值观也是一样的。访谈节目不是亘古不变的、老朽的东西，它要适应受众审美差异化的趋向，在垂直化领域发展，将形式和内容统一起来。

学刊：您的节目为什么会留下形式上的遗憾？

毕啸南：这是所有中小内容生产者都会面临的困境——制作投入

不够，所以形式相对粗糙。其实越简单的东西，越需要好的设计；越简单的东西，也越贵。在设计领域，真正好的设计都是非常简单的、极致的。我想要的那种形式，也许在制作上是最贵的，它比花里胡哨地搭很多台子、做很多的后期，需要更多的成本。

说实话，《女性领袖人物》专访这档节目做到现在，（我）最满意的地方有三点：

第一，由于财新传媒专注于政经领域，这次的节目主打思想、文化，算是一次创新。创新嘛，肯定先要以最小的投入做实验。所以这次我几乎是一个人从节目创意、方案策划，到嘉宾邀请、节目录制，再到运营合作、拉赞助平台、广告……串联起整个环节。这是我觉得很艰苦，但也很充实的一个地方。

第二，12 期节目，12 位嘉宾，12 个领域，每个领域选了一位指标性的领军人物，并且这位人物在思想调性和人格品质上都是很高的。这 12 期的人物没有一位是失色的，这样的嘉宾档次放到任何一个平台上都是国家级的，顶尖的。

第三，从市场角度，这档节目是相对成功的。没有赚大钱，但是收益比还可以，覆盖了成本。其实衡量电视节目生产很重要的一个角度是收益比，这档节目的利润从项目操作的角度而言是可以的。并且基于现在的运营情况，下一季度明显会有巨大的利润空间。

五、决定节目成败的不是“领袖”，而是价值观

学刊： 我们希望从您的经验中寻找可供中小内容创业者参照的地方。您的节目获得初步成功，盈利也相对“可观”，或许“领袖”两个字是很重要的因素，“领袖”的存在让您的努力不会成为“无米之炊”，但对于别的内容制作同行，您的经验好像不容易复制。

毕啸南： 嘉宾档次确实是这一个节目能够运营的最大的核心。这12个嘉宾列在一起，能获得很多人的支持，靠的还是价值观。

当我码齐这些嘉宾的时候，我就找到了第一个合作方——兰玉文化。兰玉是国内第一个做明星婚纱、礼服定制的时尚品牌，获得融资后发展得很不错，他们希望更进一步成为服务于高收入、高层次、高品质精英女性群体的文化生产商。他们觉得我这12位嘉宾呈现“兰玉”这个品牌的时候，“高端”的调性（与他们的）很一致。所谓调性，就是价值观，因为价值观一致，我说服了兰玉来和我共同做这个节目的联合出品方，这个节目的基础制作经费就有了。

然后重点是12位嘉宾到底是怎么码齐的。真的很艰辛，我几乎把90%的精力都用在邀请嘉宾上了，整整3个多月，每天五六个小时的通话，每天到凌晨两三点，一点儿也不夸张。就是

这样一个人一个人攻克下来的。因为这档节目在财新来说比较特殊，往常我们大多是做政经类内容，所以除了董明珠和徐新外，其他的嘉宾几乎都不知道财新传媒。但是财新的价值观和品牌毕竟在这里，我给他们讲财新做过的事，大部分人都比较认同。

嘉宾邀请分为两类：一类是我个人的朋友，像颜丙燕，像万方老师，这都是我很多年前因为各种机缘巧合认识的。其实在影视圈或在文化产业内工作 3 年以上的人，或多或少都能够跟各种所谓的领袖和名人、明星、公众人物接触到，为什么有的人能够成为很好很好的朋友，而有的人只是擦肩而过，甚至连话都搭不上？这背后有好多好多原因，但归根结底还是共同的生活经验，以及在此基础上的价值观。

另一类是我好朋友的朋友，他们出面帮我邀请的。这次的节目让我真正感受到了“得道多助”的意思，我特别感谢这个过程中的很多朋友，这种感谢是发自肺腑的，比如央华时代的总经理王可然，他不仅仅一位一位地帮我推荐嘉宾，还指导我怎么提炼主题、怎么更好地呈现，比如台湾综艺教父薛胜棻、著名的戏剧制作人陈芷涵，我凌晨两点给他们打电话让他们帮我联络港台嘉宾林青霞、张艾嘉等，包括我想邀请一些重量级的科学界、文学界前辈，国务院参事室的郭良玉处长帮我邀请钱穆之女钱益院士、作家张抗抗、敦煌研究院的樊锦诗先生等，这些帮助，我认为归根结底，还是因为他们认为我在做一件好事、值得做的事、价值观正确的事。

最近我想约倪萍，当这篇稿子发出来的时候，我都不知道能不能约得到倪萍老师。我个人一直认为倪萍是我们国家一个时代的记忆和符号，她的人生观、价值观、人生态度、性格其实很饱满，这种饱满、变化与她的主流与朴素、真诚与反叛等，其实都有很大的反差，是一位特别值得用心去采访的嘉宾。我其实很少会为什么事情去求人，即便是帮我推荐嘉宾的朋友，大多也是因为关系很好，主动帮忙。智联招聘的CEO郭盛曾经跟我说，“小南，当你觉得你做一件事情超越了你自身的利益，你是为这个社会和为更多的人好，你就不要觉得麻烦人不好意思，也不要一直很客气，没有关系，所有对这个社会心存善意、希望能够看到这个社会更好的人，都会愿意帮你的。这不仅仅是你的幸运，你也要对得起这份幸运，对得起这个时代”。他的这段话对我触动很大，让我意识到我不应该顾忌那么多，因为我做的事情不是为了我自己，我可以去“麻烦”很多人。所以我就给我的好朋友欧阳夏丹打电话，拜托她联系一下倪萍老师，因为我突兀地自己联系并不礼貌，然后夏丹又去找白岩松，看能不能联系倪萍老师，其实结果都不重要了，这个过程所收获的，也是节目的意义。

这些嘉宾的价值观以及这个过程的很多事情也不断感染和改变了我，包括搜狗的CEO王小川，包括著名演员黄晓明，我在跟他们聊我这个节目的时候，（他们）都给了我很大的支持和鼓励，帮我分析很多事情；包括AcFun的CEO刘炎焱跟我说过这么一段话，

"希望百年之后人们回首这个时代的时候，不至于说这是一个平庸的时代，这个时代里至少有我们这么一批人"。我当时想，这些话太帅了，也许力有不逮，但发自内心总该是有的。在做这档节目的过程中，我自己也在成长，突破自己，从一个小我走向了一种大我。

六、本分、纯粹、专注——致中小内容创业者

学刊：当下，在生意场上、在工作关系上，人与人之间的共识常常基于利益、交换，因共同的价值观（而共同）做一件事，很美好，但有时候可能行不通。

毕啸南：现在很少有人肯相信，老老实实、本本分分、勤勤恳恳，通过情怀、通过思想、通过价值观能完成什么事情。而事实上是可以的，这就是我这次做节目最大的收获，这也是我可以与中小内容创业者分享的一点儿经验。前两天有朋友问我说："你认为最圆满的人生是什么？"我说："就是有清透、自立、有价值的价值观，并且能够建立一个价值观生态，这个生态里面包含着具有同样价值观的亲人、朋友和爱人，以及可以实现此价值观的事业。"在做《女性领袖人物》的过程中，我忽然间发现我和我的12位嘉宾以及我的联合出品方、我的广告商、帮助我的所有朋友，都有共同的价值观，形成了一个价值观联盟。

我现在跟腾讯、中信出版社、《外滩画报》，跟A站都在谈

合作，很多商业大佬通过我的朋友圈看到这档节目后，主动联系我，问我能否合作，包括我们的卫视播出平台，旅游卫视、中国教育电视台，都帮我做了很多工作。我突然间发现这个节目有变成一个巨大 IP 的可能性，以及优质文化内容将来爆发的一种可能性，当然我还需要在形式和平台上去进一步优化它。我想表达的是，你会发现，只要扎扎实实、本本分分地做好内容，你就有无限的可能性。这是更高层次的人在做的一件事情，而它又能够做出更高层次的好东西，让影响力出来。我们跟出版社沟通的时候，编辑会有疑惑：你这 12 个人合成一本书，她们又没有什么共通性，这种形式现在很难卖了，还不如一个人的自传。节目到现在已经录到一大半了，我突然间发现了她们的共通性，就是价值观。

学刊： 这个价值观具体是什么呢？

毕啸南： 这 12 个领域中不同的人，其实她们有几个关键词非常一致——本分、老实、纯粹、专注。大家以为是才华、背景、资历成就了今天的她们，当然这些因素很重要，但更关键的还是本分、老实、专注。老老实实地忠于自我、忠于内心，不被动摇。她们知道自己想往哪个方向走，不被各种利益所左右，不被各种虚无所迷惑，不被各种困难所阻吓。忠于自我之后，她们肯本本分分的，特别专注、特别勤奋的，十年如一日的，从小事开始，老老实实地把她忠于的事业做下去，这正是我们这个时代最缺的东西。我们这个时代已经不知道老老实实做一件事情、慢慢做一件事情是什么样子。大家都急功近利，投机倒把，走捷径，追求喧嚣，这也是我们这个时代访谈节目做不好的原因。

学刊: 我很期待看到您再做出一档不带领袖IP又能够成功的节目，这样的案例可能更具代表性，对于中小内容制作者来说更具有参照意义。

毕啸南： 我只是基于我的条件、以我的方式去做节目，我选择依靠价值观、依靠情怀来做成一件事，可能很多人质疑，但我的故事能打动10个人就够了。这一次的访谈节目与“领袖”有关，这只是我当时当刻的选择，我以后也会做其他题材的节目。每个人都有各自的选择，没有高下之分，但是你做好选择以后，就要踏踏实实，坚持去做，做好本分。

娱乐时代中的文化坚守

对话时间：2017 年 8 月 3 日

采访者：刘让兴 人民论坛网文艺评论频道主任

Q1：《女性领袖人物》系列专访的创作初衷是什么？为什么您作为一名男性主持人，会聚焦于女性群体？

毕啸南：做这档节目的初衷，首先是想致敬我的母亲。我的妈妈在社会学意义上和“女性领袖”显然搭不上关系，尤其是在公共价值领域。但她的教育却奠定了我人生所有的美好。我记得我小时候最深刻的记忆，是有一年河北发了水灾，很多灾民在过年期间沿路乞讨到我的家乡——山东威海，那个时候大家普遍都不富裕，过年走亲戚，我们的标配就是送四桶青岛钙奶饼干。我妈妈让我回家拿些饼干出来分给灾民，我当时才四五岁，把所有的饼干都装在一个小推车上推了出来，当时左邻右舍的叔叔阿姨们还笑我傻，结果我妈妈也没多说什么，就这么把饼干都分给灾民了。晚上我爸回来后特别生气，因为第二天就没东西“走亲戚”了，我妈当时说了一句话，“如果我在孩子这么小的时候就让他知道，善良不是纯粹的，而是有限度地施舍，那他将来也不会成为有品格的人”，这句话对我影响特别深远，几乎奠定了我后来所有的思想和行为的基础。所以我说我们家是精神贵族，虽然物质条件很一般。我想我应该做一档节目致敬我的母亲，她是不是女性领袖呢？在我心里她是第一名。当然，后来在我的职业生涯中，我接触到了许许多多特别优秀的女性，我说的优秀，不仅仅是说她们的社会地位、成就和财富，而更多的是她们对社会的贡献和智慧的人生路。我想把她们记录下来，也能给那些在同样人生境遇中的观众一些温暖和鼓励。这是当时做《女性领袖人物》的初衷。

Q2：前段时间热播电视剧《我的前半生》也在聚焦女性，《女性领袖人物》与《我的前半生》在思想价值观上有何异同？

毕啸南：《我的前半生》确实是部佳作，剧中的女主角罗子君明显有原小说作者亦舒向鲁迅致敬之意。无论是导演、编剧还是演员等，都能看出来确实是非常用心地试图对当下中国女性，尤其是都市女性的生存现状、精神面貌进行探讨。唯一有较大遗憾的地方在于，电视剧的创作过多局限在了“小情小我”的层面，对于罗子君这一现代女性的内在生命力的觉醒和独立意识的进程也缺乏足够的描写和形式表达，导致相当一部分观众认为罗子君不过是从依靠一个男人转移到了另一个男人身上而已。甚至一个很有趣的真实故事，《我的前半生》的热播竟然导致了我身边一对朋友的离婚，是女方提出来的，我很是惊讶。看来电视剧刻画得还是不够真实，或者人物不够典型，才让一部分女性观众产生了错误的代入感，以为人人都是罗子君，自己也是罗子君。先不说贺涵在真实生活中的稀缺性和不可持续性，最重要的是，人得客观认知一下自己：你以为你是美丽又好运的罗子君，其实你只是天天面对琐碎生活的罗子群；你潜意识里意淫将来遇到的都是高富帅贺涵，其实你身边都是且只能是需要慢慢成熟的男人白光。

这是很多中国女性的悲哀，不仅不独立，更难过的是，她们始终不能认清自己。其实这世界上根本就没有公主。谁都不是。我们所想象的白、富、美，背后的努力与艰苦往往更让人难以想象。人生是残酷的，时间终会告诉你这个真相，早点儿认清是好事儿。

能够独立，在繁荣艰难的生活中尚得一方天地、自由和光彩，不必时时为丈夫外遇或自己变成黄脸婆而发慌，妥善处理好复杂的亲情、稀缺的友情，逐渐学会接纳自己的全部，并逐渐接纳别人，开始理解以往难以理解甚至不屑一顾的人和事，并最终实现与生命的自我和解、浑然天成，活出自己的价值，不枉来这世间走一遭。

这应该是女人在这世间最好的样子之一了。所以如果说《女性领袖人物》和《我的前半生》有什么共同点，那就是确实都试图去用心地探讨当下中国女性的一些问题，而区别就在于，《女性领袖人物》更像是在探讨《女人的后半生》应该怎么过的问题。

《女性领袖人物》系列专访选择了当下中国社会各领域 12 位指标性的女性人物，我们关注的不是她们的名气、财富、地位，而是她们的价值观，她们的智慧，她们面对人生的艰苦，甚至是在遇到绝境时，如何一步步走过来的，并且五光十色、通透玲珑。这些嘉宾最年轻的也都 40 多岁，最年长的已然 80 有余，是探讨女人后半生生存境遇的绝佳样本。

Q3：在“娱乐即流量”的当下影视环境中，为什么要主打“公共思想价值”与“文化力量”这样的价值观？似乎这样的节目会让人感到太高端，太曲高和寡？

毕啸南：我是一个读书人，读书人会有读书人的使命感。互联网经济时代，信息五光十色，想在快节奏、高压力的生活频率中抓住观众的眼球，轻松、娱乐、搞笑的内容确实是能让人进行不经过大脑的精神发泄，但是我们都应该听说过尼尔·波兹曼在《娱乐至死》中的警讯：“一切公众话语日渐以娱乐的方式出现，并成为一种文化精神。我们的政治、宗教、新闻、体育、教育和商业都心甘情愿地成为娱乐的附庸，毫无怨言，甚至无声无息，其结果是我们成了一个娱乐至死的物种。”所以主持人也好，媒体人也好，文艺工作者也好，我们是有责任在这样一个过度消费、过度欲望和过度娱乐的时代，去引领一些价值回归的。

最重要的是，我们不能小瞧了观众的精神追求，只是抛出那些没有营养的视觉垃圾，好的内容永远都是受欢迎的，这几年文化节目的兴起，《朗读者》《汉字听写大会》等，都是很好的诠释。文艺作品要给观众精神愉悦的权利和空间，低级的愉悦是简单的头脑放松，高级的愉悦是悲欢之后的冥想，节目走向高级娱乐化，是未来大势所趋，也是中国经济社会发展到一定阶段的文化诉求。当然这很难，我也在踏踏实实地沉淀中。

关于严肃和高端、高端和高品质、高端和简单的关系，我觉得有必要加以厘清。我们经常提到的“高端”，更多是一种“严肃”——严肃主题，加严肃内容，加严肃形式，这三者构建出“高端”，或者叫精英主义，但是我们这次的节目，当然秉承了深度的思想——“公共价值”和“文化力量”是节目的核心切入点，不落俗，但是也并没有太“精英主义”。对于视听内容生产来说，“高端”肯定不是曲高和寡，我更愿意界定为高品质、优质、有一定的思想性和现实性。现在我们的问题是，“低端”的东西太多了。相比其他行业，比如军工、科技、金融等，文化娱乐行业门槛太低。当热钱在房地产、股票市场涌动不起来的时候，就涌到了文娱产业，因为这是一个可以看得见、摸得着的，虚荣、名利、金钱、美色……的集中地。但大家看不见的是，很多做文化内容产业的人知识积累不足、人生阅历不够、思想格局不够高，在“三不高”的情况下，只能做出“三俗”的产品，这是有因果的。这里面很多人是滥竽充数，也有很多人是真心怀揣梦想，也就更需要我们用好的内容和产品、价值观去引导。

Q4：那您如何平衡节目的思想性与商业性的关系？

毕啸南：《女性领袖人物》专访 12 期节目，12 位嘉宾，12 个领域，每个领域选了一位指标性的领军人物，并且这位人物在思想调性、人格品质上都是很高的。这 12 期的人物没有一位是失色的，这样的嘉宾档次放到任何一个平台上都是国家级的，顶尖的。

从市场角度，这档节目是相对成功的。没有赚大钱，但是收益比还可以，覆盖了成本。其实衡量电视节目生产很重要的一个角度是收益比，这档节目的利润从项目操作的角度而言是可以的，并且基于现在的运营情况，下一季度明显会有巨大的利润空间。

优质的内容一定具有思想性。所有现象级的影视作品、电视节目，你会发现背后一定都是切合了当下社会的某种价值判断，从而引发了广泛的思考和探讨。思想性与商业性不是矛盾的，反而是相得益彰、相辅相成的。问题出现在了，好的思想是需要好的艺术形式、艺术表达的。这可能是很多思想型创作者的天然壁垒和软肋。但是，好的思想，即使形式粗糙，也一定会有其生存的空间；而形式花样繁杂，却丝毫没有文化质感的节目，一定不会长久。

《女性领袖人物》现在的运营效果已经超出了我原来的预期。要感谢非常多的人。第一季第一期节目《颜丙燕：演戏给谁看》已经上线，播出首日各平台观看量就已经将近300万，这对于一档访谈节目来说已经是非常难得了。腾讯综艺上了首页，秒拍、财新视频等也都反馈良好，最大的遗憾还是形式太粗糙了，第二季一定会显著提升。包括根植于节目的图书《活出人生最好的可能》也将于2018年初上架，紧接着就是"百大高校巡回演讲"和音频节目上线，这档节目已经变成一个大的IP了，具有爆发的可能性。

Q5：《女性领袖人物》系列专访在传达什么样的价值观？

毕啸南：习近平总书记前段时间说了一段话："让干净的人有更多干事的机会，让干事的人有更干净的环境。"这段话特别好。我们这档节目正是在呼应这样的价值观，呼唤人去沉淀，去纯粹、干净、本分地追求生命中的美好、理想和人生价值。这12位不同领域中不同的人，其实关键词非常一致——本分、老实、纯粹、专注、理想、担当。大家以为是才华、背景、资历成就了今天的她们，当然这些因素很重要，但更关键的还是本分、老实、专注。老老实实地忠于自我、忠于内心，不被动摇。她们知道自己想往哪个方向走，不被利益诱惑所左右，不被艰难困苦所阻吓。忠于自我，本分专注，从小事开始，坚持不懈，这正是我们这个时代最缺的东西。

这个过程中，我努力去约访了很多人，资中筠、樊锦诗、董明珠、林青霞、颜丙燕、韩红、张越、亚妮、吴小莉……有的遗憾错过，有的成为至交。这里面太多故事震撼人心，比如被誉为“中国演技最好的女演员”颜丙燕，从当年主演《红十字方队》《甘十九妹》之后拿奖无数，正当红，却因为母亲身患绝症而息影 8 年，从 24 岁到 32 岁，颜丙燕陪伴母亲走完了生命最后的日子，却也因此错过了作为女演员走红的黄金年龄，都说“久病床前无孝子”，那么支撑她的力量是什么呢？比如浙江卫视曾经的当红主持人亚妮，用了 13 年的时间跟踪山西左权太行山一群盲艺人，拍了一部纪录片，写了一本书，叫《没眼人》。她（经历了）变卖房产、四处借钱和老父离去，克服了种种难以想象的困难，一位曾经在镁光灯下闪耀的女人，如何能在黄土高坡上、在泥土里与一群盲男人相处十余年，就为了理想吗？她的理想又是什么呢？比如慈铭体检的创始人韩小红，在创业几遭坎坷，父亲查出癌症晚期的同时，自己也查出癌症之后，她竟然不去休养，而是拼命完成三个遗愿，这份动力是什么呢？一位女性要多坚强，才能在满身插满导管时，依然选择坦然且充实地面对死亡、面对生命。再比如北大燕京学堂的袁明院长与她的先生——全国政协副主席韩启德，从 12 岁到 72 岁 60 年的相守相伴，一生几经分离，写了一辈子的信，直到今天。“从前书信很慢，车马很远，一生只爱一个人”，简直就是他们爱情故事的真实写照，我们似乎都想去思索和寻找，婚姻的真谛与秘诀又是什么呢……这些动人的故事在每一位嘉宾身上都太多太多了，在此不一一陈述。与其说笔者主持了 12 期节目，不如说我上了人生的 12 堂课。让我更加认知女人和女人的力量。

Q6：你认为您这一代主持人与上几代主持人所面临的时代环境与艺术创作环境有哪些异同？

毕啸南：我认为中国到目前经历了四代主持人，一是倪萍、赵忠祥这一代，是国家符号的一代；二是白岩松、崔永元、何炅、汪涵这一代，是百花齐放、百家争鸣的一代；三是柳岩、沈凌这一代，是商品化、娱乐化浪潮的一代；我们是第四代，30 岁左右，刚刚起步，面临的是国家经过了 40 年的高速发展，人民解决了温饱问题、发展问题，开始对精神文化提出诉求的时代。所以我们这代主持人，必须在娱乐的大潮中，坚守住文化的底线，引领文化的发展，这是时代对我们的必然要求，也是应有之义。